憑信念

香港警察故事 2019

阿兒 著

憑信念 —— 香港警察故事 2019

作　　　者：阿兒

責任編輯：李鐸

封面設計：Tina

出　　　版：商務印書館（香港）有限公司

　　　　　香港筲箕灣耀興道 3 號東滙廣場 8 樓

　　　　　http://www.commercialpress.com.hk

發　　　行：香港聯合書刊物流有限公司

　　　　　香港新界大埔汀麗路 36 號中華商務印刷大廈 3 字樓

印　　　刷：美雅印刷製本有限公司

　　　　　九龍觀塘榮業街 6 號海濱工業大廈 4 樓 A 室

版　　　次：2020 年 8 月第 1 版第 1 次印刷

　　　　　©2020 商務印書館（香港）有限公司

　　　　　ISBN 978 962 07 6647 3

　　　　　Printed in Hong Kong

序

　　2019 年是令香港人百感交集的一年，由修例事件引發一連串暴力示威，為香港帶來了一場史無前例的社會動盪。其間別有用心的人刻意發放假消息、假新聞，煽動仇恨，美化暴力。暴徒於街頭堵路、縱火，一盞盞路燈、一間間商舖被破壞，就連互不相識的陌路人以及維護法紀的警務人員都被肆意襲擊。

　　回歸 23 年來，香港面對過大大小小的風浪，即或意見不同，香港人總會本着和而不同的精神，共同建設香港這個家。回顧過去一年風雨飄搖的日子，香港的法治遭受前所未有的挑戰，更令人痛心的是人與人之間的關係變得撕裂。也許這是香港最艱難的時候，也是香港警隊 175 年歷史中最具挑戰的時候。

　　縱使長時間身處危機四伏的環境，警務人員仍堅定站在最前線執法，致力維護公共安全和秩序，保障市民的生命財產。而作為香港法治的最後一道防線，警隊上下一心，秉持「忠誠勇毅，心繫社會」的信念，肩負「止暴制亂」的天職和責任。在持續的暴力衝擊下，超過 600 名前線警務人員先後受傷，但他們無畏無懼，緊守崗位。

　　然而，表面硬朗的鐵漢子都是有血有肉有感情的人。面對市民的誤解，友人的排斥，自己和家人被惡意起底，以及暴徒針對警察宿舍的滋擾和破壞，警隊同袍難免會有失意沮

i

喪的時候。其間全賴有心人的鼓勵和支持，大家才能咬緊牙關，迎難而上。透過書中一系列的訪問，讀者可以一窺香港警察及多位有心人的內心世界，了解一下他們的想法，感受一下他們的經歷，或許你會有不一樣的發現和體會。

我出生於 70 年代，當時一首膾炙人口的《獅子山下》激勵了一代香港人自強不息，力爭上游。借用當中一句歌詞：「放開彼此心中矛盾，理想一起去追，同舟人，誓相隨，無畏更無懼。」願我們在這個動盪的時代，用理性克服分歧，以包容填補缺口，攜手走出陰霾，重建我們熱愛的香港。

香港警務處

警察公共關係科總警司

郭嘉銓

目 錄

第一章

不是高牆，
是血肉之軀

警察是執法者，執法是卸不掉的天職。

他們因履行天職而被誤解爲「高牆」，

因是「高牆」而成爲衆矢之的。但可知

道，他們「脫下制服後，也是一個個有

血有肉、會疲倦、會擔憂、會有情緒起

伏的普通香港人」；也「希望你能夠拍

拍他的膊頭，爲盡心服務社會及維護法

紀的警察打打氣」。

修例風波
執勤的五天

特別戰術小隊（速龍小隊）成員
加入警隊 27 年

▽

警員代號
阿 K

第一天：擔心這是最後的吻別

我一如平日般上班，早上 8 時步出家門，出門之前，我定必會輕撫長女和幼子的頭和臉，跟他們説聲「我上班了，拜拜」。自從反修例事件發生後，我擔任特別戰術小隊（俗稱「速龍小隊」）成員，深知工作極具危險，我每次踏出家門上班，總不能確保自己能帶着性命安全回家，內心總是萬般掙扎，既享受輕撫他們的感覺，又擔心這就是最後一次輕

撫他們了。這種無形的擔憂和壓力，不斷浮現在自己的腦海中，但一直不敢讓家人知道，亦不想子女擔心。

早上 9 時許，我來到基地便每日如是：立即換上整套制服，穿上戰術背心，繫好腰帶，再逐一檢查個人裝備，包括防毒面具、頭盔、防暴靴等。不要小看防暴靴，我每日出動前，都必定會反覆檢查雙腳穿上的防暴靴，看看鞋帶有沒有折斷、靴身會否過鬆等。因為如果靴身過鬆，在工作上需要跑跳時，很容易導致腳腕扭傷；而一條鞋帶也擔當着重要的角色，若鞋帶在行動中途斷了，可導致一個人完全停頓跑不動，不能再向前推進，未能追上大隊等等，後果很嚴重。我認為，每日上班，雙腳穿上一對防暴靴，就等同在自己一雙腳上裝了車輪，絕不能忽視。之後，我會再檢查一下自己的手指甲，看看是否需要修剪，如果工作期間意外反甲或爆甲，真的甚麼事情也做不成。

穿好制服，整理和檢查好個人裝備後，下一步便是執拾個人出勤時的隨身行李。我每日出動前，都會執拾一套後備的戰術制服、內衣和內褲、洗頭水和沐浴液、手機充電器、腸胃藥等，並將一切隨身物品放進一個行李箱、一個背包和一個手提袋內，放上警車。

我處理好個人物品後，大概於早上 10 時，便要前往槍房索取、點算和檢查速龍小隊的全隊裝備及槍械，包括手

槍、防暴槍、海綿彈長槍、胡椒彈槍等，以及海綿彈、催淚彈、橡膠子彈、胡椒彈、手槍和衝鋒槍實彈等，一定要檢查好所有槍械的性能，以及確保入齊彈藥。

所有個人裝備和全隊裝備準備妥當後，就會按候命地點調校對講機頻道、設定路線圖、與交通部溝通等，再立即隨警車出發，前往候命地點。我們由準備和檢查全隊裝備至隨警車出發，一般不會花上多於 45 分鐘的時間，可謂分秒必爭。

到達候命地點後，我與隊員們在警車上穿好並背上全副約 30 磅重的裝備，當中包括 10 磅重的長槍、10 磅重的戰術背心連同防毒面具、催淚彈等，還有 12 磅重的皮帶連同手槍、手銬、子彈、警棍、胡椒噴劑等，隨時準備行動。我候命期間，每每會透過家庭群組發訊息予我的家人，通知他們我要工作了。下午 2 時在警車上吃午餐飯盒時，便收到召喚，需立即趕到一個示威現場增援防暴警。為爭取時間了解現場環境，在行車期間，我們會即時研讀目的地的地圖，掌握附近的街道名稱、大廈名稱等，以配合屆時臨場調配人手和支援等分工。我們是戰術上的工具，團隊精神十分重要。

我和隊員下午 3 時到達目的地，支援防暴警的拘捕行動，左右夾攻並協助制服在場的暴力示威者。我先繞過隊員，一手按住一個示威者，再用另一隻手制服第二名示威

執行任務中的速龍小隊成員

者，交予防暴警接手，我之後再用自己整個身體，壓在第三個示威者身上予以制服。

　　我們速龍小隊主要是由一班資深的教官組織而成，但每次運用大量體力制服大批暴力示威者後，難免也會感到腰痠背痛。完成是次任務後，接着再收到召喚，隨即趕到另一個目的地。

　　我們沒有吃晚飯，便於晚上 7 時許趕抵另一處示威現場，當時有大批示威者走到行車天橋上，將路牌扔擲到站在地面馬路的防暴警身上，幸好天橋下的防暴警及時閃避。我們背着約 30 磅重的裝備，徒步跑上一座停車場的七樓，以

海綿彈擊退示威者，以制止暴徒繼續從天橋扔下大量雜物襲擊防暴警。其後，我們又返回地面增援，有示威者使用彈叉和大量鋼珠攻擊我們，我只好向他們發射海綿彈。我雖然已身穿盔甲，但一粒鋼珠在盔甲邊緣射入，我的左腳膝蓋部位中了鋼珠，痛楚非常，但當時防暴警面臨的形勢非常險峻，隨時會被鋼珠擊中，如果遲一秒發射海綿彈，我的同袍危險程度或會倍增，因此，我惟有忍痛繼續任務。在擊退絕大部分使用彈叉和鋼珠的暴徒後，我再連同防暴警推進，進行驅散和拘捕行動。

晚上 11 時許，行動總算結束，我帶着痛楚的左腳膝蓋，坐在渠邊休息一會，檢查鋼珠造成的傷勢，還有盔甲裝束、被汗水濕透的防暴制服與膝蓋皮膚之間，因相互摩擦而導致的膝蓋損傷。

我每次行動都不停跑動，滿身是汗，厚厚的護膝、濕透的防暴制服與皮膚不斷摩擦，日復日、月復月，令膝蓋因磨損而長出紅疹，洗澡時也會感到疼痛，故需長期在膝蓋上塗潤膚膏，以減輕皮膚的損傷。

膳食組晚上曾致電我們查詢送飯地點，但因我們曾臨時轉換執勤地點，實在難以將飯盒送抵現場，加上在行動期間，整晚都沒有機會和空間進食，當我停下工作時，開始感覺肚餓，便從戰術背心中取出能量食物，補充體力。之後，

我隨警車返回警署,回到警署已是翌日凌晨 1 時。

第二天:「他原來只有十六歲」

我凌晨 1 時回到基地,與隊員一起卸下和點算身上所有槍械,並進行清潔程序,再點算剩下的子彈和彈藥,加以補充,再將槍械連同彈藥一併交還槍房。然後,我脫下制服,在基地洗澡,草草吃下一個杯麵,已是凌晨 2 時左右,便在更衣室內一條走廊,打開摺牀入睡。

我原定下午 2 時上班,但早上突然收到上級通知,需要我提早兩個小時上班。中午約 12 時,我在基地內趕快進食一個杯麵當作早午餐,便換上整套制服,穿上戰術背心,繫好腰帶,逐一檢查個人裝備,包括防毒面具、頭盔、防暴靴等,再執拾好個人出勤時的隨身行李,便前往槍房索取、點算和檢查速龍小隊的全隊裝備及槍械等。

約下午 1 時,我和隊員們一同隨警車出動,下午 2 時抵達候命地點,並穿上沉重的整套裝備作準備。候命時間,我如常透過家庭羣組發訊息予我的家人,通知他們我又要工作了。在警車上候命的時間時短時長,無法預計和掌握,我們很多時會透過網上新聞,以掌握外面各區的示威現場情況,這樣即使突然收到通知需到場提供緊急支援,也可大概心中有數。不過,有時靜下來也難免會思考,示威者為何要持

續地作出大量違法行為，而我們當警察的，為何每日工作就是在街上與示威者對峙，或遭受暴徒暴力挑釁甚至襲擊。不過，每當我覺察到自己左思右想時，便會提醒自己必須集中精力應戰，否則很容易在支援、驅散或拘捕行動中，一不留神送掉性命。

速龍小隊就是負責在危急關頭，制止暴徒的暴力行為，因此時刻需要清晰的思路及作出果斷的決定，並以迅速的手法排除障礙、執行鎖定及拘捕行動；但速龍小隊往往是暴徒和示威者密切監視甚至是襲擊的對象，令工作的危險大大增加，而我們在執法的同時，還需保障自己和暴力示威者的生命安全，在兩者中間需取得平衡。

在候命期間，警車上一名同袍有三急，無法在附近借廁所一用，惟有即時將一個容量為 750 毫升的膠樽剪開，剪開後的膠樽容量變得只有約 500 毫升，他站在警車後方小解，惟他似乎忍得太久，尿液載滿了膠樽後滿瀉，導致警車後方也被濺濕了。

當速龍小隊的成員真的很心酸，不但經常被示威者和暴徒針對，自己亦生怕被暴徒發現行蹤，故不能隨意露面，終日的起居飲食，甚至如廁，都要在警車上進行，每次上下警車就是為了增援，展開驅散和拘捕行動。

幸好，警方之後引入有吸水能力兼密封式的尿袋，在警

車上小解的問題亦隨之解決了。

候命大概四小時後，約於傍晚 6 時，我們的警車車隊需再出發，前往另一個候命地點。東行期間，從警車望出去，見到一羣暴徒佔領了該處的西行線路，並聽到身邊有「嘭、嘭、嘭」的震動，原來是佔領西行線的暴徒們，正向我們的車隊投擲大量雜物。車隊上的速龍小隊隊員即時商議，決定駛至東行線末端位置調頭，直駛往西行線被佔領的地方停車，之後我們馬上突擊，衝下警車進行拘捕行動。

其間，我拘捕了一名擔當「勇武」角色的年青暴徒，發現他除了頭上帶的頭盔和防毒面具外，其背包內還有另一個頭盔和眼罩，還有螺絲批、剾刀、索帶和對講機等。我拘捕他後，他好像是突然死機一般，呆呆地站着，詢問後才發現他原來只有 16 歲，我頓感心痛和惋惜，深切地知道，我將他拘捕上警車，並不代表我有多厲害，反而心想，他們年青一代知道自己正在進行違法行為嗎？他就這樣斷送了大好前途。

晚上 10 時許，我們隨警車將被捕人士帶返一間警署，總算任務完成，此時，我們回到警車上，打開已保溫長達四小時的晚餐飯盒進食。晚上 11 時回到基地，同樣按照既定程序，卸下和點算身上所有槍械，並進行清潔程序，再點算剩下的子彈和彈藥，加以補充，再將槍械連同彈藥一併交還

槍房。當晚因多處被示威者堵路，家人擔心安全問題，建議我不要漏夜回家。我便脫下制服，在基地裏洗澡，吃下一個杯麵，又在更衣室走廊打開摺牀入睡。

第三天：通宵候命

今日，我負責隨水炮車出發，並在水炮車上候命。我早上 11 時換上整套制服，穿上戰術背心，繫好腰帶，逐一檢查個人裝備，再執拾好個人出勤時的隨身行李，便前往槍房索取、點算和檢查速龍小隊的全隊裝備及槍械。

中午 12 時，在水炮車出發前夕，我先要自行檢查一次水炮車的整體運作，包括水炮是否正常，搬運催淚溶劑及顏色溶劑到水炮車上，檢查周邊的錄影鏡頭是否運作正常，再等候交通部同袍協助開路，護送水炮車、裝甲車和警車車隊，前往候命地點。

候命了一整天，沒有特別任務。中午 1 時和晚上 7 時，我分別在水炮車上吃過午餐和晚餐飯盒。晚上 10 時，我隨水炮車返回基地，繼續候命。

我們今晚回到警署後，槍械和子彈等小隊裝備一直隨身攜帶，毋需交回槍房，因為今晚凌晨需要「直踩」，通宵處於候命狀態，以便隨時出動執行任務。我和隊員們整晚開啟對講機，留意最新消息和上級指示，並輪流沖涼、吃杯麵、

小休和看守我們的裝備。

第四天：只是想驅離示威者

早上 10 時，我和隊員們隨水炮車、裝甲車和警車車隊出發，前往政府總部候命。我們中午 1 時許吃過午餐飯盒，候命至下午 5 時，突然從對講機中，聽到有同袍在香港中文大學被箭火攻擊，險象環生，上級決定動用水炮車到場協助。由於臨時轉移工作地點，加上吐露港交通癱瘓，所以我們需在車隊行車期間立即研究地圖，聯絡交通部提供交通資訊，設定前往目的地的行駛路線。終於水炮車等車隊，由政府總部經西區海底隧道出九龍，再上三號幹線，經大欖隧道前往元朗，再經粉嶺及大埔，向馬料水方向前往中大增援。

本以為去路無阻，詎料，當水炮車、裝甲車和警車車隊進入科學園的道路時，突然遭兩架私家車衝出攔住兩條行車線的去路，企圖阻止我們前往中大。我花了數分鐘時間警告兩架私家車立即離開，但無效。有裝甲車同袍隨即下車，將其中一架涉事的私家車司機拉下車並作出拘捕，同時上車將之駛開；另一架原本一同阻路的私家車見狀立即自行離開。

沒有交通部同袍協助開路和護送，我們的水炮車、裝甲車等車隊，就有機會遇上這類被阻路的風險，事件擾攘和阻延了 15 分鐘。

水炮車、裝甲車等車隊繼續向前推進，抵達中大附近，眼見約 170 名防暴警站在如火海般的中大二號橋上，現場火光熊熊，部分防暴警已拔出滅火筒，與同袍互相撲滅身上的火，形勢相當危急。我與隊員立即開動並發射水炮。我們發射水炮的目的是要驅散示威者，迫使他們離開，但又絕不能導致示威者墜橋，所以我們要準確控制水炮，調校合適的射程。最後，水炮車大概花了 5 分鐘時間，令中大二號橋暫時回復正常。

　　晚上 6 時許行動結束，水炮車、裝甲車和警車車隊等，慢慢駛回附近的大埔警署，旁邊還有一百多名作戰完畢的防暴警，拖着累透的身軀，由中大徒步返回大埔警署。此時，吐露港開始慢慢開通。晚上 11 時，我回到自己所屬的基地，進行一輪清潔工作，將槍械連同彈藥等裝備一併交還予槍房，終於可脫下制服了。

第五天：總算能睡安穩覺

　　凌晨 1 時許，由於我當晚已累得再沒有精神駕車回家，故直接在警署洗澡，吃一個杯麵醫肚，便拿出摺牀繼續在走廊席地而睡。

　　今日終於休班，加上已四天沒有回家了，早前預備的四套內衣和內褲經已用光，所以需要趁難得的假期回家休息，

見見我的家人。由於滿街都是路障，所以我花了兩小時避開重重阻礙，才成功歸家。安全返抵家時，已是早上 8 時了。今天，我終於可以安穩地睡一覺，連飯也沒吃，便直接躺在牀上呼呼入睡了。

皮肉之苦
與內心之憂

刑偵探員
加入警隊 13 年

▽

警員代號
小虎

「皮肉之苦不是大問題,反而是自己一瞬間倒臥在牀,感覺自己很軟弱,很難受。我不希望有同袍因工作而受到比我更嚴重的傷⋯⋯」刑偵探員小虎在屯門處理衝突事件期間,遭暴徒淋腐蝕性液體以致身體皮膚嚴重灼傷,捱過三次植皮手術,半年之後,右手肌肉萎縮和流失,筋腱硬化,後遺症之多真是難以為外人道。

五個月內約五百警員負傷

自 2019 年 6 月初起，香港發生了逾千宗示威、遊行和公眾集會，當中出現了大量暴力違法行為，包括肆意堵路、癱瘓交通、在多處投擲汽油彈和擲磚、縱火、肆意毆打不同意見人士等。警務人員在危險的環境下執勤，在面對蓄意襲擊的暴徒時，受傷的風險大大增加。警務人員因公受傷，除個人生命安全受損外，亦因此未能履行職務而有損警隊的執法能力，社會整體治安亦會受害。

根據資料顯示，自 2019 年 6 月 9 日至 11 月 29 日，共有 483 名職級由警員至總警司的警務人員在行動中受傷。受傷的原因包括被投擲汽油彈燒傷、被投擲腐蝕性液體灼傷、被毆打或咬傷、被硬物所傷、被利器所傷，以及被改裝的武器所傷等。

人生最痛的二十分鐘

其中，被淋腐蝕性液體而導致右手及背部皮膚嚴重灼傷的小虎，加入警隊 13 年，主要負責刑事偵查及反黑工作。2019 年 10 月 1 日國慶日，是他第一次協助處理反修例示威，他駐守於屯門大會堂負責保護國旗和特區區旗。當時示威者人數越來越多，增至約 500 人，並意圖毀壞國旗和區旗，他當時跟隨防暴隊約 30 人衝出大會堂進行驅散行動，

並制服了數人。惟站在後排的示威者，不斷向警員投擲木棍、石頭、鐵通、雨傘及鏹水彈等具攻擊性的雜物，期間有兩名防暴警員正在制服兩名暴徒，卻有示威者突然衝前，意圖強行搶走被警員制服的暴徒。

在電光火石之間，小虎的左邊鼻樑和面頰之間位置，突然遭人以硬膠鎚擊中以致骨裂，同時又感到右手前臂灼痛，他低頭一看只見皮膚「由淺白色變成淺啡色，再變成深啡色，之後冒煙，出水泡後，再變血紅色，流血水，當時疼痛得無法形容」。同時，他亦發現自己的上衣變得溶溶爛爛，穿了近十個洞，而手肘保護膠亦溶入皮膚血水之中。他的同袍為他被鏹水灼傷的傷口沖洗，並急召救護車，惟因附近道路已遭示威者阻塞，救護車延誤了 30 分鐘才到，「送院過程係最痛，我經歷了人生最痛的 20 分鐘，那種痛猶如用刀一層一層地割切皮膚」。

三次植皮與五百顆釘

小虎被送到醫院後，醫生當日先後為他注射了足足八支止痛藥。還記得醫生拿起他的右手時説「連神經也死了」，形容這是屬於三級嚴重程度的腐蝕性液體燒傷，嚴重傷及右手前臂、右手後臂及右邊背部腋下位置，此外左手亦因被鏹水濺到而輕微灼傷。

單是 10 月期間，小虎共接受過三次植皮手術，三次手

術依次分別為植屍皮手術、人工植皮手術及將他自己的大腿表皮層移植至右手及右背的傷患處，每次植皮手術分別需用上 200 至 500 顆釘子。「過程非常痛苦」，加上他對一般止痛藥的反應較慢，止痛藥往往未能及時發揮止痛作用，故他其後索性放棄服用止痛藥，改為僅靠個人意志並調節自己的心態，去忍受治療期間的痛楚，「遇到困難不要輕言放棄，只要調節心情去面對，總會捱過的」。

就這樣，三次手術總算捱過了。第三次手術完成後的第三日，小虎再憑着堅毅的意志挑戰自己的體能，希望能自行下牀到洗手間小解，原本由病牀步行至洗手間只需數分鐘時間，他卻花上長達 30 分鐘，「很為難，因為要讓皮膚加速生長，故不能不吃不喝，但我也不想在牀上小解，結果我惟有每步一小寸，逐寸逐寸步行」。

心繫同袍安危盼早歸隊

小虎留醫期間，警務處處長「一哥」鄧炳強曾三度到醫院探望他，其中一次為鄧炳強履新當日。鄧就職儀式完畢後便匆匆趕到醫院探望和鼓勵他，這些支持令他更盼望儘快康復歸隊。而一直慨歎自己因受傷而未能走在最前線的小虎，亦開始衝破內心的難過，並藉着每次有長官探望的機會，代前線防暴警員及同袍向長官反映他們面對的難題和實況，以

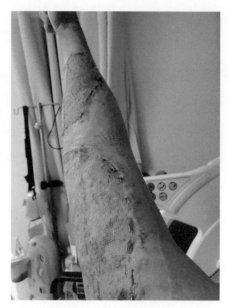

小虎植皮手術中用到大量的鋼釘

及裝備不足等問題,如缺少防剓頸套、手套、防腐蝕性的保護衣物等。「我不屬防暴警員,故我執勤時,是自行拿出十多年前在警察學堂時用過的頭盔保護自己,但戴上後容易鬆脫」。他相信部分同袍也面臨類似情況,故自己在醫院期間,仍盡力協助聯絡,為同袍爭取引入更充裕的保護裝備。

小虎留院接受手術和治療長達兩個月,其後被安排轉往療養院休養及進行物理治療,「已經接近半年了,每天朝九晚六進行物理治療,醫生說我的右手肌肉萎縮和流失,筋腱

硬化，不但未能做出伸展性動作，更患上肩周炎。醫生建議我未來要接受多一次手術，在皮膚和筋的位置上割幾刀」。

然而，皮肉之痛，怎也比不上內心的苦痛那麼大，「我在香港土生土長，眼見外面正在打仗，我內心很難受。我當警察，有責任感和使命感，但自己卻受傷了」。堅強的小虎說時邊紅着眼邊哽咽，「我感到自己很軟弱，未能為香港付出甚麼，便躺在了病牀上，接受警隊高層、同袍和熱心市民的支持和慰問。我真的感到很可惜，我很想儘快康復，返回警隊工作，回到最前線」。只能躺臥在牀的他，每日看新聞時，總是不斷祈求，不要再有同袍因工作而承受比他更嚴重的傷害。

「暴徒的行徑不只是要攻擊警察，眼神上還似是欲殺警一般，我希望自己的不幸能令他人警惕，悲劇不要重演。」雖然小虎每日待在醫院和療養院中，但他一直非常關注警隊的工作，並時時刻刻透過電視及網絡，觀看連場反修例示威事件的經過和結果，感到心痛不已。

他認為，部分暴徒好像慣性使用暴力和武力解決問題：縱火、以具殺傷力的器具襲擊警員、店舖和途人，甚至「私了」等。這些事在街頭時有發生，他們總認為自己可以「走得甩」，這種心態變相助長他們使用暴力解決問題，拒絕接納持相反角度的意見和聲音。這一切，直接破壞了香港的法治精神。而部分議員和老師更好像是本末倒置，深深影響着

康復中的小虎

下一代的價值觀、思維模式和想法。

　　小虎坦言，他康復後定必會儘快重返警隊，「我希望將自己艱辛的康復經歷帶予新入職警隊的同袍，給予他們力量，支持他們的警務生涯。」

請拍拍
他的膊頭

防暴大隊副指揮官
加入警隊 19 年

▽

警員代號
阿文

　　在連場反修例事件中，擔任防暴大隊副指揮官的阿文經常處於具生命威脅的工作環境中，更多次面臨數百個汽油彈的連串襲擊，身陷險境，亦眼見自己帶領的防暴警察被暴徒襲擊受傷，為此感到擔憂和心痛不已，但他和他的隊伍從未退縮。阿文每日執勤更需背負重達 12 公斤的基本防暴裝備，應付超過 12 小時及不穩定的工作時間，面對艱辛工作及重重困境的挑戰，他依然無怨無悔，直言作為香港警察最

希望儘快讓社會回復安穩,保護市民生命及財產,驅散被煽動的示威者,拘捕真正的幕後策劃者。

心繫社會棄商從警

中學時代的阿文熱衷參與義務工作,2000年大學工商管理學系畢業後,曾從事商業顧問工作約一年,但期間發現自己的目標是服務社會,而非只顧賺錢,於是他毅然投考警察,並考獲督察職級,從此加入警隊服務長達19年。選擇棄商從警的他,在加入警隊後,先後於不同的前線崗位及調查部門任職,職級亦由督察晉升至現時的高級警司,為社會肩負更重大的責任。

在2014年「佔中」事件期間,阿文曾被委派處理事件及指揮前線工作;至去年修例風波,他再次被調派到前線負責防暴隊指揮工作,擔任其中一個防暴大隊的副指揮官。多次站於警察防線的最前方,阿文感受倍深:「兩個事件作比較,反修例示威明顯危險暴力得多,一大批暴徒及激進分子採用非常暴力的手段攻擊在場警員,場面觸目驚心;但由於媒體較少從警方角度拍攝事件,大家難以從鏡頭中感受到示威現場之凶險」。

連暴徒自己都害怕

2019 年 10 月 1 日，有近 3000 名示威者在黃大仙一帶集結，堵塞了龍翔道，更有不少激進分子不斷向警方防線拋擲磚頭、雜物及汽油彈，黃大仙警察宿舍門外一排十多輛電單車更被襲起火爆炸。面對敵眾我寡的情況，阿文身先士卒帶領着約 100 名防暴警察進行驅散及拘捕暴力示威者。惟當他們正制服數名前排暴徒時，站於後排的數十人突然衝上前向警察投擲大量汽油彈及企圖搶走被捕者。阿文制服了其中一人，負責保護他的傳令員隨即上前協助，暴徒再次向他們發起襲擊，傳令員慘被木棍猛烈擊中頸部，送院檢查後證實頸椎受損。

當阿文再抬頭視察四周環境，眼見前方有兩名防暴警察頭破血流並已拔出手槍，其中一名警察與暴徒糾纏期間失去頭盔，血流披面，阿文當刻也即時拔出手槍戒備以防襲擊。阿文說，「當時場面非常暴力和混亂，汽油彈及硬物橫飛，甚至被傳令員制服的暴徒也感到生命受到威脅而非常恐懼，事後還感謝傳令員的保護」。

阿文亦有份參與 2019 年 11 月 18 日發生的理大事件，當時暴徒大量使用武器和汽油彈，暴力程度令人悚然。阿文帶領 200 名防暴警察到加士居道及彌敦道一帶支援，向暴徒發放催淚煙作驅散，迫使他們退往油麻地窩打老道及彌敦

道交界方向。阿文指，當時在場有數千名示威者，他們準備了大量木板、磚頭及汽油彈等武器，持續與警方對峙句鐘，更在短短十幾分鐘內向警員投擲了數百個汽油彈，向警方防線步步進逼；惟他帶領的防暴隊伍手上的催淚煙及橡膠子彈等將近用盡，而補給車輛未能駛近提供支援，陷入進退兩難的局面。「當時附近的道路被阻塞，其他隊伍未能提供即時支援；如果暴徒正面衝擊防線，在別無他法下警察或需使用手槍；如果警察選擇撤退，料暴徒會立即衝上圍攻警察，雙方便會埋身肉搏，大家都會受重傷。」阿文冷靜地為當時的險峻局勢作評估及分析，認為並無退路，於是巧妙運用策略及戰術以等候支援，最終在速龍小隊增援及配合下扭轉局勢，拘捕了超過 200 名暴力示威者。

只想拘捕幕後主使

在反修例事件中負責前線指揮工作的阿文，每日帶領防暴隊工作時承受着很大的無形壓力，「我負責指揮，除安排行動部署外，亦要兼顧隊伍的安全，需要向同事及他們的家人負責，因為受傷的後果可以很嚴重」。阿文擔憂一眾防暴警察的安危，心痛同事在行動中受傷，同時亦心痛一羣年輕人因被煽動而犯法，「我也是香港人，十分尊重集會自由，警察確實是逼不得已才會使用武力作出驅散」。

每次拘捕違法年輕人均令阿文感到十分惋惜,「有的年輕人被捕時未能講述自己參與非法活動的目的,有的則感到十分惶恐,好像是玩遊戲機時突然死機一樣,到這刻才後悔已經太遲」。因此,他直言最希望拘捕的是在幕後策劃非法活動及煽動學生、年青人犯法的人。

「我們也是普通香港人」

阿文與一眾防暴警員一樣,每日都遇到很多挑戰;單單是每人每日身上背負着重達 12 公斤的基本巡邏及防暴裝備工作已是一大體能考驗。他坦言,穿着整套防暴裝站崗或巡邏已消耗大量體力,如遇上炎熱天氣或需要驅散及追捕犯人時會更為吃力,亦增加受傷風險。即使簡單進食及如廁也甚具挑戰,因行動緣故未能安排警員用膳更是常事。他解釋說,「我們行動初期需長時間於高危政府建築物防守,防止被暴徒破壞,甚或需要臨時前往突發地點驅散示威者,經常未有時間及空間用膳;加上道路又被示威人士佔據,運送食物到工作地點亦經常受到阻礙」。

至於如廁,男警員一般較容易解決,惟女警則較困難,曾經有警車遭示威者圍困,警車上的女警忍至臉色發青,而警車司機更因此經常在執勤期間減少喝水。儘管如此,阿文帶領的防暴警員依然謹守崗位,對工作無怨無悔。

「開工時面臨險境，放工後步步驚心。」阿文透露，有警員下班時被人伏擊而受重傷入院，令警隊人員出入警署也膽戰心驚；亦有警員與兩個女兒居於警察宿舍低層，因曾有暴徒徹夜向單位投擲磚頭，全屋的玻璃窗被擊碎，女兒患上創傷後遺症，不敢外出及不想上學，更需長期接受心理醫生治療。至於他本人，自從帶領防暴隊工作後，其生活習慣及心理狀況亦起了變化，「我發現自己多了一個習慣，就是每次返工出門口前，我必會親吻兩個兒子，向他們說聲『拜拜』，因為我每次都很擔心這可能是最後一次親吻他們了」。

這大半年以來，每日上班面對艱辛的工作、沉重的壓力，阿文百感交集，但仍堅持迎難而上，期望市民體諒警隊面對的困難及其艱巨危險的工作，「我們當警察的，脫下制服後，都是一個個有血有肉、會疲倦、會擔憂、會有情緒起伏的普通香港人；如大家身旁有朋友當警察的話，希望你們能夠拍拍他的膊頭，為盡心服務社會及維護法紀的警察打打氣」。

與死神擦肩

衝鋒隊警長 / 防暴隊小隊警長
加入警隊 19 年

▽

警員代號
阿洛

險中汽油彈、為閃避在兩個身位前爆炸的汽油彈而扭傷右腿、與暴徒「埋身肉搏」致雙方由扶手電梯的頂部滾至底部受傷⋯⋯這一切均發生在衝鋒隊警長阿洛身上。

阿洛在示威持續發生的首十個月，被調至防暴隊工作，每日上班如上戰場，面對一次又一次的驚險場面，觸目驚心，猶如多次與死神擦肩而過，但他仍選擇謹守崗位，穿上制服衝鋒陷陣，有需要時就執行驅散和拘捕行動。「我明

白當警察有一定的危險性，只是從未想過香港的示威者會變得如此暴力」。

阿洛為人父親，對於事件中有不少年輕人涉違法被捕感到同情、心痛和無奈，亦擔心自己因工作隨時身陷險境，甚至賠上性命，無法照顧家人，「但我知道自己作為警察，是有責任制服和拘捕涉違法的人」。他仍熱愛警察這份工作，因此未有退縮，反而增強了他繼續當警察的信念，希望盡一分力扭轉局勢，維持社會秩序。

被捲入「埋身肉搏」

阿洛原本是一名衝鋒隊警長，執勤時身上特別配備長槍、避彈衣、頭盔以及俗稱鐵甲威龍的盔甲等，專責帶隊，隨衝鋒車處理大型突發事件，職責亦包括執行機動性巡邏、災難支援、對 999 緊急召喚作迅速回應等。衝鋒車載有逾 60 種不同的裝備，包括鐵筆、繩索等，以應付各種類型的突發事件及意外。自 2019 年 6 月起，阿洛被借調到防暴隊工作，是防暴隊小隊的警長，在這十個月裏，處理過多次大大小小與反修例示威有關的工作，重點負責驅散和執行拘捕行動。

九龍區一個大型十字路口，間中便會被示威者以大量垃圾桶、雜物等堵路，警員每次到場清理路障時，總有大批附

近居民聚集叫囂，不斷辱罵警察。

2019 年 8 月的一天，阿洛正在十字路口清理路障，但有多達 80 名年輕示威者拒絕離開，有人以鐳射筆照射警察，另有人打算拿起雜物向警察扔擲。此時，有防暴警察衝前打算作出拘捕，示威者即衝進地鐵站躲避。「當時地鐵站的出入口樽頸位擠滿示威者，即使成功進入地鐵站，也非常危險，因為只有一條既高又長的扶手電梯及側旁的一條長樓梯」。在地鐵站出入口你擠我擁之際，突然有數名暴力示威者主動出擊，與警察「埋身肉搏」，他們有人手持利刀、槌、鐵珠和彈叉等攻擊性武器。阿洛就是其中一名被暴徒選中「埋身肉搏」的警員，對方當時手上持有武器，在肉搏混亂期間，二人同時由扶手電梯的頂部，滾至扶手電梯的底部，均受輕傷。

汽油彈在身前爆炸

還有一次，發生於 2019 年 11 月一個夜晚的 11 時許，香港理工大學連帶油尖旺區一帶，多條主要街道的街燈全數熄滅，欄杆、垃圾、垃圾桶等雜物堆滿在馬路上，近 300 名示威者堵路，當中有部分人不斷以鐳射筆照射防暴警察，部分人更向警察投擲汽油彈。警方在多次舉旗警告無效後，投擲催淚彈，以驅散在場的示威者，惟很多人已戴上防毒面罩

（俗稱「豬嘴」），對催淚彈絲毫沒有反應。警方一直堅持不使用實彈射擊，唯有使用橡膠彈，但當時有示威者即築起圍板抵擋，警方於是只有開警車驅散。

阿洛憶述，當時大概有近 300 名防暴警察，與近 300 名暴力示威者對峙，暴徒使用的暴力不斷升級，警方多次使用不同的方法驅散示威者，均告無效，惟有衝上前拘捕。原屬衝鋒隊的阿洛，當時與速龍小隊共 100 多人，一起朝示威者狂奔約 30 米，計劃向前推進並作出拘捕。有一名戴着面罩的年輕暴徒一邊撤離，一邊向阿洛投擲汽油彈，汽油彈在阿洛身前兩個身位突然爆炸，「嘭」的一聲巨響，阿洛即時反應是跳開閃避。「那年輕暴徒當時是向着我迎面投擲汽油彈，只是他力氣不足，所以那汽油彈在我身前兩個身位爆炸。」與死神擦肩而過後，阿洛立即定過神來，繼續執行拘捕工作，警隊事後拘捕了大批暴徒，惟向他投擲汽油彈的暴徒卻逃之夭夭。

拼命完成是次拘捕行動之後約兩至三小時，阿洛回到警署，脫下防暴制服和長靴時，才驚覺右腳腳踝位置劇痛，腫得像豬蹄般，凌晨即前往醫院急症室，醫生指他扭傷右腳筋腱，給予他病假休息。他其後轉到跌打醫館就醫，並再進行物理治療，經歷一個半月才康復，惟他只請了兩個星期病假，便堅持帶着腳傷上班。「我也想像不到，當香港警察

會如此危險，險中暴徒投擲的汽油彈，即使及時跳開成功避開，也躲不過腳部扭傷。當刻，我感到很可悲，但我捨不得一直與我並肩作戰的同袍，所以我只希望儘快復工」。

在連續十個月的反修例事件中，阿洛數次感覺到工作時驚險萬分，坦言每次都十分擔憂。「我有一個女兒，一旦自己遇到甚麼危險的事，我最擔心的是無法照顧家人，反而要家人擔心我；而我如果退下火線，就無法照顧與我並肩作戰的手足。」說時一度哽咽，男兒淚也不禁悄悄地滾出來。

不要滿腦子仇恨和抱怨

阿洛負責過多次拘捕行動，眼見不少被捕者屬年輕人，部分更未滿 16 歲，令他感到既心痛又同情，「不少年輕人因相信文宣而被煽動出來做違法行為」。他舉例說 8 月 31 日發生的太子站事件，他有負責處理，當時的被捕及受傷人士，基於安全及效率考慮，均有被帶到其他地鐵站離開，再前往其他警署及到醫院接受治療，「即使消防及醫管局已證實沒有人在事件中死亡，示威者也不願相信事實，反而選擇相信完全虛構的文宣，令人難以理解」。

他每次執行拘捕後，總是按捺不住，即場苦口婆心地向被捕的年輕人說教：「父母辛苦養大你們，供書教學，你們有沒有想過，若因被煽動出來做違法的事情而留有案底，

將來不論找工作還是到海外讀書，或多或少都有影響，可謂是禍及終身。」阿洛很希望借此機會教育這羣年輕人，讓他們明白守法的重要性，知道凡事總有後果，並建立一點同理心，嘗試多理解別人的感受，不要滿腦子只載着仇恨和抱怨。但不少被捕的年輕人卻以「人人都這樣做，所以我也跟着一起做」作簡短回應，個別更聲言是社工帶他們參加遊行示威，但當警方執行拘捕時，卻發現社工不見了。

警方拘捕 16 歲以下人士後，需通知其父母，多數父母得悉後，也慨歎感到無奈，部分家長更即時哭成淚人，並透露早已多次提醒子女不要上街參與暴力示威，惟他們不願聽從，直至被拘捕……做父母的，坦言最擔心的是子女因此被判監禁，影響前途。

年輕人「唔捱得」

阿洛直言，香港居民擁有集會、遊行、示威的自由，這是香港的一大特色，但不應訴諸暴力，更不應隨意出言侮辱他人，「我們當警察的，與示威者無仇無怨，但部分暴徒居然想襲擊警察；我也是為人父母的，我希望他們明白，警察真的不會無緣無故使用武力」。他坦言，理解年輕一代對社會帶有不少抱怨，如埋怨樓價高企，自己買不起樓等，但他認為，「不少香港人都是歷盡艱苦，捨棄享受，才捱出

頭來，惟現今的年輕人普遍『唔捱得』，總認為是社會虧欠了他們」。同時，他認為，整個社會的價值觀也似是出現問題，不少人只懂浪漫化暴力示威過程，卻沒有提及暴力示威過後須承擔的一切後果，包括法律責任。

阿洛不諱言，每次執法遇到危機和困難，甚至被一眾示威者謾罵和指摘，他總會事後回顧，反復思考，問心無愧，便會在心理上取得平衡，「我心底其實是不想拘捕這些年輕人，我知道他們不是窮凶極惡，只是被煽動違法，當刻又無法控制自己的行為。我每次既很同情他們，也感到很無奈，但經過反復思考後，我知道自己做的事是正確的。每次作出驅散和拘捕之前，我們當防暴警察的，已數次舉旗向示威者作出警告，在警告無效後，才會別無選擇使用適當的武力驅散及拘捕暴力示威者。雖然部分被捕的示威者只得十多歲，但他們亦須為自己的行為承擔法律責任；而我作為警察，亦有責任將違法的人繩之於法」。

挺身而出

特務警察 / 入境事務處高級入境事務主任
加入入境處 21 年

▽

警員代號
Ricky

　　反修例暴力示威持續不斷,警務處於 2019 年 11 月首次引用《公安條例》,從其他紀律部隊招募人員出任特務警察,協助警隊止暴制亂。至 2020 年 2 月底,共有 421 人加入特務警察,當中近半數來自懲教署,其餘則來自海關及入境事務處。他們主要負責在政府機構或有較大機會受衝擊的地點駐防,每人每周執勤約三天,制服上配有專用的臂章以標示身份。

其中一名自薦出任特務警察的 Ricky，原屬入境事務處高級入境事務主任，認為暴力示威者的極端行為，已偏離理性的訴求表達，感到既失望又憤慨；對於一切暴力及犯法的行為，更應採取零容忍的態度，故他甘願挺身而出，承擔這份高風險還備受謾罵的特務警察工作，以第一身的身份協助警方執法，維持香港的法治、穩定和繁榮。

猶如「本土反恐」

Ricky 在入境處服務 21 年，當初入職時是入境事務助理員，經多年努力，於 2018 年晉升為高級入境事務主任。他在入境處主要負責管制站等工作，亦在調查科多個崗位服務，而加入特務警察前，他負責駐守青山灣入境事務中心。

Ricky 補充，他駐守在青山灣入境事務中心期間，主要負責看守等候被遣返的人士，而這些人士有機會違紀、不聽從指示，甚至引發騷亂，因此 Ricky 早在入境處工作期間，已接受過為期三個星期的「基礎防暴裝備使用及戰術訓練課程」，當中包括一星期的院所管理訓練，如羈留中心的日常管理及運用，以及兩星期的戰術訓練、防暴訓練、防暴裝備使用及槍械訓練，如使用 37mm 口徑防暴槍（會配備催淚粉彈及橡膠彈）、胡椒珠發射器、手擲催淚粉彈、胡椒噴劑、防暴長盾及圓盾等。

特務警察

　　早已具備基礎防暴裝備使用技能及戰術知識的 Ricky，
得悉警務處於 2019 年 11 月招募特務警察後，二話不説，
即時報名參與。「我本身對紀律部隊中的多項工作都很有
興趣，包括入境處、警察等。在修例事件中，我更希望以第
一身的身份協助執法，維持紀律，止暴制亂，維護香港穩定
和繁榮。我認為警察和特務警察在修例事件中的工作，猶如
本土的反恐工作，若我不加入特警，恐怕便再沒有機會直接
參與其中。」接着，他在正式擔任特務警察前夕，再接受了
為期四天的與特務警察工作相關的防暴戰術、武器使用及法
例指引等特別訓練。

　　作為特務警察的 Ricky，主要駐守一些面臨高風險的政

府建築物，負責安保的工作，需要時刻保持高度警覺；其次亦會執行看守及押解的工作，有需要時亦會執行由警務處處長指派的其他任務，例如執行截停、盤問、搜查及拘捕等。

由一名高級入境事務主任，搖身一變成為一名特務警察，可謂角色身份大不同。Ricky 解釋，特務警察和入境事務主任的工作性質有相同之處，但亦有不同之處。相同之處是，兩者都需要站在最前線執法，打擊違法行為；不同之處是，擔任特務警察需時刻守護各政府建築物，確保有關政府部門運作正常。因此，他必須在短時間內熟習新工作，並時刻保持警覺，以處理可能突然出現的暴力行為。「我認為最艱難的是初期組軍時的適應，因為每名特務警察都來自不同的部門或工作崗位，只經過短短四日的濃縮式特訓，便要急急走上前線準備迎戰。」不過，憑着各部門為同事提供的多方面訓練，以及以往執法工作帶來的寶貴經驗，加上高昂的士氣和專業的團隊精神，一切工作上的重重挑戰，最後都迎刃而解。

此外，他擔任特務警察時，面臨的危險較以往多，身上亦會配備胡椒噴劑及伸縮警棍。「主要是心理上的調節，特務警察執行高風險的工作，我必須時刻警戒和作出周密的部署，以全力保護所有隊員的人身安全。我和所有同事們都能憑着專業知識和經驗，迅速適應身份上的轉變，成功融入

特務警察的工作」。

極端行為決不可合理化

特務警察的執勤制服上有專用的臂章以標示身份。作為特務警察，如其他警察一般，也同樣會遭持不同意見的示威者當面責罵甚或遭粗言穢語挑釁或恐嚇，Ricky 也不例外。他舉例說，一次他站崗時，一名途人刻意走到他跟前，拿起手機正對着他拍照，邊拍攝邊謾罵。

至本港爆發新冠肺炎疫情，香港政府實施限聚令，Ricky 被安排執行法令，例如巡查食肆及有關場所有否違規，以及到人多聚集的地點作公眾教育，勸喻和警告聚集人士，以及發出定額罰款通知書等。他試過，因應投訴到一間持不同政見者的店舖執法，不斷遭到排斥警隊的人士高舉手機拍照和謾罵。Ricky 坦言，借調當特務警察前已有心理準備，會遭受示威者無緣無故謾罵，甚或遭起底，「但我不會理會這些謾罵的言論，也不會有不好受的感覺」。

眼見暴徒的暴力破壞行為變本加厲，Ricky 認為，這些暴力行為是非常極端的手法，已偏離理性的訴求表達，「我對部分人合理化這種行為，感到非常詫異，我認為對所有暴力及犯法的行為都不應容忍，才能令香港的治安及社會秩序儘快回復正常」。

不過，在一片謾罵聲之中，亦有市民上前對他表達支持和謝意，感謝他願意當特務警察協助警方執法，止暴制亂。這令他得到一點安慰。

2019 年 12 月份，他在添馬公園一項撐警活動執勤，負責人羣管制，「這場活動令我印像很深，眼見現場有老有嫩，發現原來仍有很多市民支持警察執法，他們向警察寫上心意咭，與警察握手、合照，並説一些打氣支持的話」，令他作為特務警察，感到非常窩心和感動。

親身經歷為警察解畫

家人、朋友和同事當中，難免會對修例持不同意見或政見，有支持的、有擔心的、有質疑的，但這一切從來不會影響 Ricky 支持特區政府嚴正執法，以及協助止暴制亂的決心。「只要我能保持專業操守，不論在入境處任內還是肩負特務警察的工作時，都恰如其分，中立客觀地執行任務，我相信會得到不同政見人士的尊重」。他直言，以往除了透過新聞掌握反修例示威的消息外，也會聆聽警察朋友的訴說，以及自行在互聯網上細閱示威者的文宣內容，接收多方面訊息後，再加以思考和分析。

當上特務警察後，雖然工作性質以後勤為主，但卻令他更加明白和掌握警方的部署行動，知道其出發點往往是默默

守護市民的安全，以及維護社會安寧穩定。可惜，警察在事件中的執法工作常常被誤解，他替警察感到不值和可惜。不過，自從他借調特務警察後，由於自己有機會親自接觸和了解警察的工作，故更能以親身經歷向他人解釋，內容亦更具說服力，他希望藉此扭轉他人對警察的誤解。

作為一名特務警察，在反修例事件期間協助警方執法，眼見為數不少的年青人涉違法被捕，Ricky 坦言感到十分痛心及失望，但認為香港是一個法治社會，特區政府必須繼續依法辦事，令年輕的犯罪者知道違法的後果。因此，除了支持嚴正執法外，他亦認為加強對年青人的教育非常重要，以糾正他們的錯誤觀念，避免不良風氣蔓延，對社會造成更深遠的危害。

第二章

父母心，溫柔心

警察的血肉之軀與旁人無異，心情又何嘗不是？為人父母、為人子女，將心比心，就算面對施暴者，也同樣會心痛、惋惜。

顧惜年輕示威者的前途，所以苦口婆心勸退；為化解警民對立情緒，主動送「心心」手勢；為走失的孩童尋找父母，遭誤解也默不作聲……這皆因香港七百萬人是一個大家庭，而他們是心繫這個大家的警察。

家很重要

時任總督察 / 談判專家
加入警隊 24 年

▽

警員代號
警界顏聯武林 Sir

　　「你參與非法集結最高刑罰是 5 年監禁，我們的錄影系統已錄下你的容貌，我現在希望你可以立即離開，懸崖勒馬給自己一個機會；想想供養你到今天的父母，我請你現在離開……再看看自己手機加入的羣組，未來 5 年，你是否想和這些人失去聯絡呢？如果你坐監的話，你不可再聯繫這些人。如果參與過非法集結，你出來時是 5 年後；如果你有進行過刑事毀壞，再加 10 年，也就是 15 年後；如果參與過暴

動，那就是 25 年後。那時會是一個甚麼樣的世界呢？你就願意為了今晚的一個強出頭，而失去未來 25 年的光陰嗎？」

被譽為警界顏聯武的林 Sir 用磁性的聲線，在馬鞍山警署被包圍事件中從「父母心」角度出發，苦口婆心、深情勸喻示威者離開，最終沒有人在事件中受傷或被捕，這是他最希望見到的一幕。他說，「希望給予年輕人機會三思，讓他們知道家很重要，放工放學回家飲湯，一家人團聚也很重要。香港七百萬人都是一個大家庭。」

顧惜青年，決定勸退

林 Sir 加入警隊 24 年，由見習督察做起，現晉升至總督察（本書出版時升為警司），一直在沙田警區工作，擔任行動主任，並兼任談判專家 19 年，是談判組小隊隊長。自 2019 年 6 月起，他一直負責處理反修例示威，包括香港中文大學事件、香港理工大學事件，亦有任策略員處理旺角的示威。2019 年 8 月 5 日，示威在全港 18 區「遍地開花」，不少暴徒因涉非法集結或暴動罪被拘捕。當日，林 Sir 負責守衛馬鞍山警署，晚上約 11 時，樓下有超過 100 名示威者正包圍警署，當中包括附近居民、黑衣人及大批年輕人，他們正面向警署叫囂喧嘩，又用鐳射光照射站在三樓平台的警員。林 Sir 說，「根據我們的經驗和判斷，推算示威者大概將於十多

分鐘後開始向警署投擲雜物」，同時他們亦得悉警方已派增援，準備前來驅散示威者。

眼見樓下包圍馬鞍山警署的示威者中很多屬年輕一代，沙田警區指揮官經快速商討，臨時決定先以「父母心」對待樓下的示威者，給予他們機會靜心思考，勸喻他們在驅散行動前自行離開。林 Sir 臨危受命擔當「開咪」勸喻的角色，他直言當時手中沒有任何稿件，亦沒有「貓紙」，故惟有在「開咪」前先自行深呼吸，拿捏當刻氣氛，按指揮官要求不斷提醒自己「我要以一顆父母心去對話」。所謂父母心，即是要為對方設想。

和平散去是最好結果

林 Sir「開咪」說話初期，他每說一句話，樓下便大聲以十多句粗言穢語作回應，並向他照射鐳射光，又向警署上方投擲雜物。不過，林 Sir 選擇堅持有耐性地說下去，說到中段，他聽到的粗言穢語逐漸減少了，並發現有四分之一的人離開；當他見到這個場面便順勢讚揚離場的人士：「我嘉許你，重新思考，選擇離開。」林 Sir 不知不覺就說了 45 分鐘，臨近尾聲，他估計增援的警車及防暴警員即將抵達，便再次提醒尚未離場的示威者：「你看一看左右兩旁，你是否覺得自己屬於跑得快那個呢？如果不是，我勸你現在先

林Sir勸退示威者時不斷被鐳射光照射

走」。他又繼續問道：「大難臨頭，下一句是甚麼呢？」樓下有一名示威者回答他「各自飛」，林 Sir 再說「沒錯，就是大難臨頭各自飛」，說時再有一批示威者自行離場。未幾，現場傳出正在響號的警車聲，僅餘的示威者全數離開。

林 Sir 坦言：「最後沒有人在事件中受傷，沒有人被捕，和平散去，這是我們最希望見到的效果。」他即場鬆了一口氣，回歸行動主任的崗位，返回警署內開會討論部署工作。

他回顧這件事時記憶猶新，「萬事起頭難，最難是剛開咪說話的時候，我一方面對自己說，要堅持下去，另一方面亦為自己減壓。因為結果難以預測，所以提醒自己盡力做到

最好便可」。雖然初期林 Sir 獲得的全都是粗言穢語及鐳射光的照射，但他卻認為「有回應總比沒有回應好」。他任職談判專家多年，相信示威者因為一些原因生氣，不懂釋放，想找一個渠道宣洩負面情緒，因此，他會選擇原諒他們，給予空間讓他們反思。

軟手法未必總奏效

　　除了處理馬鞍山警署被包圍一事外，林 Sir 亦有參與處理香港中文大學事件及香港理工大學事件等。在理大事件中，他主要負責帶公眾人士進入校園，勸躲藏在內的示威者離開。至於中大，他亦試過帶隊到中大對出的大埔公路，處理黑衣人堵路事件，並曾「開咪」提到大埔區居民因他們的行為沒有了進出的自由和通道，又勸喻在場者幫忙清理路障。當時部分堵路者一度退回校園內，可惜他們之後再在校門堆砌雨傘陣，並向外投擲兩枚汽油彈，警方惟有施放催淚彈作驅散。林 Sir 深信當中有人接收了其「開咪」的勸說，但示威者背景相當複雜，有人未必會聽從。

　　林 Sir 直言，一直希望使用如「開咪」這種軟手法，和平理性去解決問題，惟不是每種情況都合適，還需視乎當時面對的示威者人數、人羣情緒等多方面因素。事實上，警方一般都是採用「先軟後硬」的方式處理，「實在行不通，才

會使用較硬的手法」。

在大學時代曾擔任學生會會長的他，自言擁有一顆熱誠服務的心，「我知道年青人心繫香港，但熱誠很易被利用」，情況令人非常憂慮。他認為，反修例示威持續大半年後，當網上的煽動文宣減少，暴力也相對減少，希望年青一代先放下對立的姿態，釋出更多的溝通空間，「一被煽動，便容易犯罪，後果可能很嚴重，希望年輕人三思」。

林太盼社會重歸理性自由

作為林 Sir 背後最大支持者的林太，是罕有願意站出來說話的警嫂。林太坦言，林 Sir 在馬鞍山警署猶如顏聯武「上身」。對包圍警署的大批示威者深情說話當晚，她全不知情，還想起林 Sir 當晚放工回家時只稱雙眼疼痛，可能就是遭鐳射光照射所致。一星期後，她在網絡上看到相關影片瘋傳，雖然從片段中看不到林 Sir 的樣貌，但卻能辨別其聲音，「當時第一個反應是覺得片中人說話的聲音很熟悉，內容很有心思，聽起來感到很舒服」。

不過，自片段中的「警界顏聯武」林 Sir 真正身份曝光後，林 Sir 和林太瞬間被起底，包括全名、住址及電話等，噩夢開始。其中，林太很快被披露以前曾任電視台財經新聞報道員，她更隨即在社交平台收到留言恐嚇，包括咒罵她全

家，當中部分是原本認識她的朋友，令她十分痛心。「我的行蹤被人在網上披露，公開我甚麼時間出現在甚麼地方，好像有人監視着我。」自此以後，她出入會提高警覺，對所有人的信任度也大大降低，不會再在社交平台貼文，亦不會在上面分享生活點滴。

林太在這大半年間有使用公營及私營醫療服務，期間被問及她丈夫的職業，她如實回答後，卻遭受惡劣態度回應及承受不必要的痛楚，她反問自己：「為何我要受到如此不公平的對待？」感到既無助又憤怒，直言每一天都等待丈夫放工回家和黑衣人「收手」，盼望這一切早日完結。她坦言，不少警嫂也在社會遭受類似的對待，她們會透過羣組互相傾訴，百般滋味在心頭。

在香港長大的她認為，香港最難能可貴的是言論自由，任何訴求都不應使用暴力去表達，但她難以理解今時今日的香港，為何變得完全沒有理性討論的空間。面對目前的困境，她作為警察的太太，是丈夫最強大的後盾，也只希望丈夫每日放工可平安回家，「感覺就好像是他每日打仗後回家一樣，我會更加珍惜他。我一直非常信任警隊及丈夫的做法，這個信念支持着我等待他回家的漫長時間，這是背後的女人惟一可做的」。

「佢哋好乖，
我咪畀個心心」

警員
加入警隊 15 年

▽

警員代號
阿宏

　　在連場反修例示威和衝突之中，大批示威者不時挑釁警員，以粗言穢語或粗俗手勢侮辱警方，在重重壓力下難免有部分警員不禮貌回應示威者，令情況變得更差，雙方關係陷入惡性循環。警察公共關係科署理總警司江永祥曾於 2019 年 12 月 9 日的記者會上，呼籲大家多做「心心」手勢，認為這可能有助緩和氣氛。在連串衝突中突然冒起的「心心」手勢，究竟起源為何？

阿宏就是那位處理過逾 100 次防暴工作，仍能保持極高情商的警員，他也是在遊行集會事件中，率先罕有地對示威者公開做出「心心」手勢的第一人。

與和平示威者互傳「心心」

　　阿宏於 2019 年 8 月被安排加入防暴隊的第二梯隊，頂替一名被磚頭弄傷腿部以致未能執勤的警員。他表示，自 8 月起他幾乎每日返工就是進行防暴工作，而在 11 月發生中大和理大校園被佔領事件時，他試過連續工作 72 小時沒有回家休息。他形容，當時警方和示威者雙方關係「無得再差了」，已超越臨界點。

　　2019 年 12 月 1 日，大批示威者在尖沙咀文化中心一帶集會及遊行，阿宏當日從中午開始負責在漆咸道站崗，起初遊行集會大致和平進行，期間不免有不少遊行人士一邊遊行，一邊以粗言穢語指罵在場警員，以及「問候」警員全家，「真係企足咁耐，被鬧足咁耐」，當中部分遊行人士表達對政府的反感，亦有部分明顯是對警方感到不滿。

　　同日下午約 3 時，在遊行人羣當中，一名女士手拖着一名年約三歲的小妹妹，小妹妹主動向阿宏揮手打招呼，歷時大概十多秒。阿宏憶述，當時他正在站崗，眼見小妹妹距離他約 20 米，他很想遠距離回應小妹妹，於是便即時舉高雙

阿宏（左）向和平遊行人士做「心心」手勢

臂，在自己的頭頂上以雙手做出「心心」手勢回應，當時小妹妹見狀後，臉上流露出驚奇的表情，可能是「因為以往未見過警察做這些動作」。雖然阿宏做出「心心」手勢釋出善意，但仍繼續被部分遊行人士以「畀咩心呀」、「假惺惺」、「貓哭老鼠」等回應指罵。他慨歎，「係那個小妹妹觸發了我畀個『心心』她，我自己也不希望每次同示威者及

在場人士包括記者，拉得咁緊，我覺得雙方可以溫和一點，互相尊重，重建一個平和社會」。

阿宏表示，當日他仍間中向遵守秩序的遊行人士做出「心心」手勢，期間亦有市民即時以「心心」手勢回應他，令他感到些許安慰，「我當時見到遊行人士仍好乖，好合作，好守規矩遊行，我咪畀個『心心』佢哋。當然有部分遊行人士繼續鬧我，其實我無所謂，只要認清他們是對整個社會局勢感到不滿，而非針對我本人，感覺便不會太差，毋需太勞氣去看待」。不過，至當日傍晚約 5 時，有暴徒開始投擲汽油彈、以傘陣堵路，警方需驅散示威者及作出拘捕行動，雙方衝突又再上演。

苦心勸喻見成效

阿宏當日下午向遊行人士公開做出「心心」手勢的影片和照片，隨即被上載至互聯網瘋傳，而有關影片的回應普遍正面。之後，他亦發現陸陸續續有部分警員，在和平示威階段，間中會向遊行人士展示「心心」手勢。

警方與示威者關係日趨惡劣，阿宏反而希望作為警員，可踏出第一步，帶頭向示威者示好，「我希望自己做好本分，唔想再同示威者交惡，因為前線防暴警員的態度，好影響對方的觀感，如果態度差，對方會更加唔合作，抗拒程度

亦會上升」。

他深信，友善可以化解很多不必要的衝突，自此之後，他決定改用更溫和的手法和正面的言辭對待示威者；即使遭示威者謾罵，他亦會淡然面對，並以友善的態度和語氣回應，如只輕輕説聲「多謝支持」。他認為，雙方毋需互相爭拗或展開罵戰。每逢節日，他進行防暴工作時，更會主動對示威者説「聖誕快樂」、「新年快樂」、「身體健康」、「恭喜發財」等，而對方甚少會繼續罵他。

同時，他個人亦試過採取勸喻手段，放下居高臨下的姿態，用家長式口吻，苦口婆心勸年輕示威者歸家，並發現成效甚為顯著。「有時見到班年青人入夜後仍與一眾示威者聚集在馬路上，我會好言相勸，告訴他們危險啊，呼籲他們早點回家」，現場部分學生很乖巧，他們靜一靜、想一想後，會接納意見慢慢從人羣中離去。

警民關係是治安關鍵

每次反修例示威，警方除了要面對示威者外，還經常需要應對站在警方與示威者中間的記者。阿宏稱，防暴警員每次工作時都戴上頭盔，而記者往往因為需要拍攝而站在警方與示威者中間，難免令在場執勤的警員「説話大聲咗」。他坦言，十分理解在場記者也是有職責在身，所以當他呼籲記

者避開時，也會在説話前後多説一些「麻煩你」、「唔該」等禮貌字句，或呼籲在場記者將腳架放在一旁，避免警方突然衝前時，無意碰撞到。他希望「客氣一點」化解在場不必要的衝突，「因為始終警方不是與記者對峙」。

在惡劣環境下仍維持非常高的情緒智商，只因他堅信「警民關係好，係社會治安好的關鍵；仇恨種子不應在這一代散播」。他擔心，目前有大批年青人走出來抗爭，如外界繼續刻意妖魔化執法者，日後年輕一代的行為只會越來越激進，香港社會就會沒有法治精神可言。「警方原本是去執行大眾要求我們執行的法律，若大家都不遵守法律，每個人都有法不依的話，整個警隊也不能發揮應有的作用了」。他也希望，政府可向整個社會，特別是示威者，踏出柔性的一步，尋求解決雙方矛盾的方法。

何苦帶孩子上街？

防暴隊前線警長
加入警隊超過 20 年

▽

警員代號
阿堅

　　防暴隊前線警長阿堅處理與修例相關的大大小小事件，已超過 200 天之久。每天上班，便是背着 20 千克重的沉重裝備，帶隊衝鋒陷陣進行防暴工作，總予人相當硬朗的形象。但在一個寒冷的晚上，一名僅三歲、身穿單薄上衣的小男孩在一個集會活動附近迷路，與家人失散了；正在執勤，背着沉重裝備的阿堅，二話不說便脫下自己身上的外套為小男孩穿上，溫柔地為他抹鼻水，再抱着熟睡的他四出尋找父

母，流露出鐵漢柔情的一面，硬朗的形象一瞬間被融化。

天寒地凍現迷途羔羊

阿堅加入警隊超過 20 年，本身任機場特警，自反修例示威發生後，他被調職為防暴隊前線警長，每天上班都是進行防暴工作，包括處理絕大多數的大型事件，如香港理工大學事件、政府總部事件等，總共超過 200 天，可謂從未間斷，未曾休止。

2020 年 2 月，因為疫情，反修例示威冷卻了一點，惟多區先後有市民遊行或集會，反對政府在自己居所附近設立指定診所或檢疫中心。其中，一天晚上約 6 時，有不少人士包括黑衣人在淘大示威區集會，抗議政府將鄰近的九龍灣健康中心劃為指定診所。阿堅在場守衛期間，在距離集會位置 50 米之處，一名自稱是民主派議員助理的女士，拖着一名年約三歲的小男孩，指該小男孩與家人失散，請求警方協助處理。阿堅便帶着一班當值警員協助小男孩尋找家人。

阿堅憶述，當時見小男孩手持滑板車，似是剛剛哭完的模樣，惟他無法說出自己的名字、居住地點等資料。當晚天氣十分寒冷，只得攝氏 9 度左右，寒風刺骨，小男孩僅穿着一件單薄的長袖上衣，還流鼻水。阿堅便帶着小男孩進入民主派議員辦事處內避寒，並脫下身上的外套為小男孩穿上保

暖，又為他抹鼻水。阿堅平日身上總會帶少量糖果，以備不時之需，他拿出糖果請小男孩吃，安頓好了，小男孩便開始道出其父母的姓名。與此同時，阿堅亦安排其他警員分頭行事，四出尋找小男孩的父母。

街坊誤解，惡言相向

不過，當他和小男孩在議員辦事處逗留了 5 至 10 分鐘左右，突然有一羣街坊好像是聞風而至，走進辦事處指着他大罵，惡言相向，狠批他欺負小朋友。他和身旁協助的警員均不想與他們爭拗，惟有默不作聲。此時原本對他不冷不熱的議員助理，也改善了態度，並主動開口代為解釋，「警察只是幫小朋友尋找父母」。期間，相信小男孩已很累了，他主動告訴阿堅很想睡覺，阿堅便抱着他入睡，小男孩短短 10 秒便睡着了。

有警員匯報指疑似找到小男孩的父母，阿堅便背着合共 20 千克重的裝備，並抱着估計約 20 多磅重的熟睡小男孩前往相認，惟提供消息的相關保安員看過真人後，否認正是尋找該名小男孩。其後，再有警員匯報疑似找到小男孩的胞兄，阿堅又再次背着沉重的裝備，抱着小男孩出發，並因跑來跑去導致全身濕透。他到場發現對方是一名年約七歲的男孩，正因與胞弟失散而哭泣；警員其後再在其胞兄附近找

阿堅抱着熟睡的小男孩

到兩兄弟的監護人，是他們父親的一名女性朋友。阿堅讓小
男孩與其胞兄和監護人相認後，提醒監護人好好照顧兩名小
童，便讓他們跟隨監護人回家了。阿堅終於抹一額汗，功成
身退。

不贊同帶孩子上街

反修例示威自 2019 年 6 月起，持續半年，基本上每日或隔日均有大小不同的遊行示威活動，期間有暴徒縱火、投擲汽油彈、傷人、襲警等，往往以激烈的暴力事件收場。阿堅指，他參與處理過逾 200 場反修例示威，每次必有小朋友在場，大多是家長帶同子女一起參與，亦見過有四至五歲小朋友戴着頭盔和「豬嘴」上街，他說時冷笑一下，直言難以評估其家長的心態。

阿堅不諱言，在香港，每個人都有參與示威遊行活動的自由，但問題在於，並非每次活動都合法，例如部分遊行集會未獲發不反對通知書，屬非法集結，凡參與這些遊行集會本身已屬違法；又例如當遊行示威活動演變成激烈衝突，或有暴徒投雜物、擲汽油彈或磚頭，最後警方需發放催淚煙作出驅散，「在這種情況下，任何在場人士都有危險，更何況是小朋友，所以在這段期間，我不贊成遊行人士帶同子女上街」。即使最後雙方沒有激烈衝突，過程中也不免有示威者與意見不合者打架，口角時夾雜粗言穢語，或四周噴字涉刑事毀壞等。他認為，這些畫面均不適宜讓兒童觀看，擔心這對心智未成熟的兒童或會造成負面影響。

心繫社會，不言放棄

以往任機場特警的阿堅，主要面對遊客、在機場工作的人士或市民，大部分對他態度友善，但當處理反修例事件時，部分市民或因接收了含誤導內容的消息，大部分時間均對警察態度惡劣；部分市民尤其是示威者，更與警方拉開敵對態勢，令警方執法較以往更為困難。他對此大感無奈，慨歎「只因我是警察的關係，就導致這樣了⋯⋯我認為只是時代選擇了我們，我相信只要我們盡力做好自己的工作，以及肩負好忠誠勇毅、心繫社會這份責任，不言放棄，就能繼續努力做下去的。」阿堅以今次手抱小男孩為他尋找失散的家人一事作例子說，本來他也被部分街坊市民誤解，但最後事實證明，情況並非如他們想像般。他說，只要誤解消除，「這可能已經足夠了」。

阿堅一直堅信「毋忘初心，方得始終」這個信念：警察就是要保護市民的生命財產，並根據法例執法。他認為，「只要堅持這信念，害怕我們的就只有不守法的人，相反，守法的人根本毋需害怕我們。」

第三章

還望三思

從反修例示威一開始，年輕人就成為主力之一。他們口號清晰，行動劃一，似是完全清楚自己的所作所為。但事實遠非如此：並非所有示威者都能列舉「五大訴求」，上「前線」抗爭或只為獲得快感和認同，甚至是有樣學樣隨大流，根本未經自己的獨立思考，直到被捕方如夢初醒⋯⋯未經審視的人生不值得過，未經思考的行為不值得做。還望三思。

「批判思考」作何解？

警民關係組學校聯絡主任兼警隊談判員 / 警長
加入警隊 22 年

▽

警員代號
談判員 O

「反修例事件中被拘捕的人士，在事發現場行為激進，情緒激動，但被捕之後，只要他們不在羣體中，是可以平靜下來的，部分更會深感懊悔，有的擔心自己的前途，有的擔心在事件中受傷警員的安危。九成九被捕人士都很願意和警方傾談……」

自 2015 年起兼任警隊談判員的警民關係組學校聯絡主任談判員 O，坦言加入警隊 22 年以來，從未遇見過如此暴

66

力的示威者，但當與他們真正接觸後，才知道箇中原委。

曾無功而退深感無力

反修例事件持續逾半年，示威者與警員每每陷入僵持局面，雙方關係嚴重破裂，失去信任，而示威者在事件中使用的暴力更是有增無減。每次出現大型遊行示威活動，警方談判組主管都會調派談判員到場，嘗試與示威者接觸，進行調解工作。警隊談判員站立在兩方的中間位置，目標就是化解雙方矛盾和緩和氣氛。

2019 年 6 月 12 日，大批示威者圍攻政府總部，要求特首林鄭月娥撤回逃犯條例。談判員 O 當日被委派到政總，主動接觸示威者，惟大批示威者均跟他說，他們沒有「大台」，因此，即使與他們對談，亦不能發揮任何作用；他們又揚言只是針對逃犯條例，並非針對警察。至當日下午 3 時，示威者將抗議行動升級，政總外雜物橫飛。談判員 O 形容，當時猶如親睹打仗電影畫面一般，「我和其他談判組同事好有無力感，示威者初初話只希望和平表達訴求，但結果是下午變得如打仗般，不少警員受傷，我們談判組成員沒有任何裝備，被同事拉進政總內」。

6 月 21 日，大批示威者包圍灣仔警察總部，相類似的情況再次發生，無力感再度在其身心浮現。談判員 O 表示，

自 2019 年 6 月至 9 月期間，他被委派到嚴重衝突現場超過 20 次。他坦言，每次都希望能到場調解，以和平的手法平息事件，不過，他每次到達現場都見雙方衝突相當激烈，防暴隊總是安排零裝備的他退到後勤。對於一次又一次無功而退，他慨歎「每次只有無力感」。

被捕示威者：「唔想件事完」

終於，警方高層於 9 月份建議談判組轉換工作形式，並向他們提出 16 個字：「聆聽意見，增加了解，化解矛盾，緩和氣氛」。他們一行十多名談判員，其後分別前往接見不同的被捕人士，「純粹想我們去化解情緒，了解他們為何如此憎恨警察」。自 2019 年 9 月至 2020 年 3 月期間，談判員 O 及另外十多名談判員，合共接見了 200 多名被捕人士，年齡由 14 歲至 70 歲不等。「我自己接見了當中起碼 60 人，會面時我表明，過程中不會錄音，而他們亦毋需交代自己為何被捕。我跟他們說，警察不是甚麼都懂，我們也不理解為何會變成這樣，很想知道箇中原因，包括他們對社會運動、對政府、對警察的看法等等」。

談判員 O 坦言，自己面對多次暴力示威，也會有情緒，但當初選擇當警察，就是希望幫助別人，因此，他很希望雙方能取得互信，以同理心多了解被捕人士的想法。

被捕的年輕暴力示威者

　　談判員 O 表示不少年輕被捕者擔心九七回歸後，香港社會將逐漸失去民主自由，他們期盼香港獨立，故希望透過「攬炒」，獲得國際關注，令外國派兵來介入事件。加上，他們普遍認為警方是保護政府政權的，因此需要透過「革命」，包括攻擊警察，才能扭轉局勢；同時，他們亦普遍要求政府回應「五大訴求」。不過，談判員 O 不諱言，他們當中不乏九七後才出生的年青一代，而被捕的中學生當中，更有半數未能完整道出「五大訴求」的內容。問到被捕人士如何看待在反修例事件中經常發生的毆打他人事件，年輕

被捕者往往說，如對方作出「不正確」的行為，是「抵打」的，只要不被打死便沒有問題。

至於被捕的年長人士，想法則有點不同，他們大多認為自己虧欠了年青一代，而年青人如此也是遭整個社會逼迫，故作為成年人，有需要到場保護年青人。

對於坊間鬧得沸沸揚揚的被自殺、被失蹤事件，談判員 O 引述大部分被捕人士的看法：「我寧願相信這是真的，因為我認為警方處理手法不恰當」，又指認識一些自稱與事件相關的人士，故選擇相信他們的說法。當談及自己在示威活動中所扮演的角色，如「哨兵」、「勇武」等，他們就會顯得眉飛色舞，因為他們從中獲得認同和支持，認識很多朋友，得到史無前例的成就感和愉悦感。不過，亦因為反修例為他們帶來這些成就感，反令他們無法一下子抽身離場，有被捕人士說畢一幕又一幕自認為是「威水史」的經過後，便喃喃自語說「我唔想件事完」。

竟不知何為「批判思考」

談判員 O 聽畢被捕人士所述，最為擔心的是年輕一輩好像是普遍接受了暴力，「他們的思考邏輯是直線的，非黑即白，沒有灰色地帶作思考分析」。談判員 O 有感於此，再接着詢問他們在學校通識科有否學習「批判思考」（Critical

Thinking），意想不到的是，他們竟演繹這是「雞蛋裏挑骨頭」或「去批判他人」，令談判員 O 相當震驚，更質疑教育層面上是否出現了一些問題。

「年輕一代對『批判思考』的理解，與我所想的落差很大。我很擔心，他們普遍對暴力的接受程度較以往大，這樣下去，社會治安會變差。」

另一邊廂，被捕的示威者也透過與談判員面談，告訴警方他們曾看過的文宣內容、內心面對的恐懼，以及他們對警方的印象，例如他們因擔心被捕後會有危險，於是在參與示威前，必定會寫下遺書收藏在家中，強調自己不會自殺；同時他們亦生怕被警員接見後，會有甚麼事發生，擔心他日追溯無門等等。談判員為釋除他們的憂慮，便會向上司反映，最後決定為每名接見警員編配一個號碼作為代號，以便讓被捕人士追溯。

理工大學被佔據期間，談判員 O 亦親身到場，他發現當中不乏年紀輕輕的學生，他們大多十分害怕被控暴動罪而一直匿藏在理大校園內。警方商議後，最終決定不拘捕 18 歲以下人士，只為他們做登記，又安排中學校長入內進行游說，只希望他們和平步出校園。談判員 O 直言，「或許在示威者眼中，這只是小事，但在警方立場而言，卻是破天荒的做法，可說是等同眼看着有人違法犯罪，再釋放犯法者離開」。

坐下談就會有希望

在與外界溝通方面，談判員 O 續稱，部分警方代表在例行記者會上，習慣手持稿件，原來這樣會給予示威者一種「照稿讀」的感覺，好像警方早已預備好連串標準答案一般。其後，警方代表亦已改善原有作風，在記者會上儘量不手持稿件，希望回應外界的輿論。因此，談判員 O 認為，警方和示威者之間，其實存有很大的溝通空間，「如果大家願意坐下談一談，就會存在希望，很多事都會有改變的可能性」。

至於與學校的關係，身兼警民關係組學校聯絡主任的談判員 O 坦言，以往他們定期會進入學校舉辦講座，以單向式的方法，向學生講解與盜竊、黑社會、販毒、裸聊等相關的各種罪行。但反修例示威爆發後，他重新制訂日後的講座模式，如舉辦中學講座時可加插互動環節，讓學生多提問去了解他們關心的事宜。

當初對處理反修例示威存有極大無力感的談判員 O，經過一輪又一輪與被捕示威者會面和溝通後，看到一點希望，「十成十與我見面的學生覺得和我們（談判員）傾談是有用的」，因此，他希望日後警方能多與中學生進行互動交流，增加彼此的了解。至於被捕的年長一輩示威者，他認為，只要政府願意踏出良好溝通的第一步，相信矛盾是可以化解的。

糊里糊塗上街

某總區快速應變部隊指揮官 / 總警司
加入警隊 23 年

▽

警員代號
阿朗

「警方在反修例事件中拘捕了不少涉違法的年輕示威者及暴徒,部分仍身穿校服,當中更包括年僅 12 歲的女童……為何年紀小小的學生,會做出如此大膽違法的事?我感到非常驚訝和心痛,亦聯想起自己 16 歲的女兒……我希望年輕一代懂得守法和尊重他人;試想若香港沒有法治,未來怎樣繁榮下去呢?」

2019 年 6 月反修例示威發生,總警司阿朗被抽調到某

總區的快速應變部隊當指揮官，他感慨萬分，「我覺得很可悲，從沒想過香港會發生這樣的事，磚頭被掘起變成武器襲擊警察，遍地沙塵和汽油彈，猶如到了敍利亞般」。他盼望香港人尤其是年輕一代，重拾法治精神，令香港早日恢復原貌，重回有秩序、講法治的社會，未來才能繁榮和穩定下去。

九成九示威變暴力

阿朗原本是一個警區的指揮官，由 2019 年 6 月 11 日至 2020 年 1 月 24 日，被指派帶領一個總區的快速應變部隊，負責領導及管理機動部隊、刑事偵緝隊和防暴第二梯隊合共 500 名警員。他表示，在這七個多月裏，自己所負責的部隊出動過近 200 次，在情況惡劣時，試過好幾次連續返工 30 多個小時。

阿朗表示，在這七個月反修例示威活動期間，九成九已獲批警方不反對通知書的遊行示威活動，最終都會演變成黑衣人暴力示威，所以警方工作經常從協助維持遊行秩序，轉至進行防暴驅散或是拘捕行動，循環不斷。「遊行總是在下午起步，至主辦單位宣佈結束後，便會有部分示威者及暴徒開始拆除附近的鐵欄、路牌、巴士站牌、小巴站牌、道路上的磚頭，甚至搬起垃圾桶、大型垃圾箱等雜物，不停地向警方投擲，期間亦有暴徒打砸持不同政見者的店舖。」

執行任務中的機動部隊成員

被捕女童一問三不知

　　2019 年 10 月 6 日港島出現大型遊行示威，超過 3000 人在灣仔一帶遊行，期間不斷有暴徒縱火、投擲汽油彈及磚頭、堵路等，當時阿朗帶領應變部隊約 200 名警員前往支援衝鋒隊，打算向東面驅散示威者。應變部隊走過兩個街口後，再加速推進，在堅拿道天橋附近拘捕了 50 至 60 人，其中包括一名 12 歲女童，當時她就站在汽油彈側旁。阿朗憶述，在拘捕行動期間情況相當混亂，示威者都穿着黑衣和黑褲，以及配戴頭盔、眼罩和面罩等，故拘捕時看不到對方的容貌，更無法判斷對方的年齡，未有即時留意到當中有一名

年僅 12 歲的女童被捕。應變部隊在拘捕結束後，繼續在現場處理被捕人士。直到他收到一段有關是次拘捕行動的新聞影片，才發現當中有一名被捕女童正在哭泣和抖震。

阿朗旋即告知負責同事，提醒他們千萬不要嚇怕該名被捕女童。被捕人士被帶返警署作例行問話後，始得悉該女童只有 12 歲，其父母均不在港，父親出境公幹，母親則帶同家中其他兄弟姊妹外出旅行，家中只有她和外傭二人。女童被捕時穿着黑衣和黑褲，並配戴頭盔、眼罩和防毒面具。當問及女童為何會出現在示威遊行的衝突事件中，女童害怕得不知所措，僅回答說是同學呼籲她上街，因為大家都認為政府不好，而警察是幫政府的，所以便衝上街，之後再答不下去了，更不知道甚麼是「五大訴求」。至於其身上的頭盔、防毒面具等裝備的由來，她說，是遊行期間其身旁一名不相識的「姐姐」給她的。最後，警方聯絡到女童的一名在港親戚，得知女童的父母對於她上街示威遊行全不知情。

阿朗慨歎，對事件感到可悲，「部分示威者或暴徒年紀尚小，未有能力分辨是非，只因不希望自己被當成異類，便因應同學呼籲上街遊行，未知自己的行為可能違法，更完全不知道守法的重要性」。他直言，自己小時候認為警察執法是權威，但現在 12 歲女童竟然涉嫌上街參與暴動，反映年輕一代已沒有守法的觀念，令他憂心香港的未來會是怎樣。

所謂「革命」，民不聊生

　　說時，阿朗聯想到自己的 16 歲女兒，她自小視阿朗為偶像並立志長大後在港當警察，但受修例事件影響，於 2019 年 5 月突然提出想赴英國讀書。同年 9 月她便出發了，令阿朗十分無奈。阿朗坦言，她的女兒並未經歷過九七回歸前的香港，但她稱當刻的香港令她感到很煩惱、很混亂，又自稱對香港文憑試感到吃力，故不想再留港繼續學業，將來更不會回港當警察。他坦言，知道女兒並未放棄當警察這份理想，惟她現時的想法是將來畢業，或會留在英國或前往美國等地工作、進修，甚至當警察。阿朗表示，目前會尊重女兒的決定，讓她赴英讀書，待反修例事件冷卻後，會再和女兒談談大家對此事的看法，讓她掌握更全面的資訊，再決定將來畢業後的發展方向：留在外國生活及工作，還是返回香港。

　　令阿朗印象深刻的還有發生於 11 月 17 日至 18 日的香港理工大學事件，他當時負責防守連接理大與紅磡火車站的天橋，有暴徒將電油罐與汽油彈綑綁在一起，再投擲到天橋，「猶如想炸毀那天橋」，另有暴徒向銳武裝甲警車投擲多枚汽油彈，導致裝甲車嚴重損毀。經過此役，理大附近的磚頭因被暴徒拆出當作武器，遍地是沙和石油汽罐，頹垣敗瓦，「好像到了敍利亞般」。

自阿朗處理防暴工作約三個月後，回家已不會再看電視了，加上他經常連續數天夜班工作，其生理時鐘被打亂，自2019年11月開始經常失眠。不過，他坦言，相比於自己身體上的不適或是在外行動時面臨的危險，令他更覺棘手的是保障自己隊內警員的人身安全，以及處理他們的情緒起伏。尤其是當警員準備驅散或要拘捕暴徒時，經常要面對中途突然衝出來的數以百計自稱是傳媒記者、議員或街坊的人士，「當警察要衝出去作出驅散時，生命安全隨時受到威脅，承受的壓力很大，故中途要他們突然轉換情緒面對站在中間的記者和街坊等人，絕不是易事，畢竟他們不是機器人」。他亦會在現場四周巡視，當看到警員與街坊或記者似是準備發生衝突之前，他都會主動介入親自處理；同時，他和其轄下的指揮官們在執行任務前後，都會幫隊內警員疏導情緒。

　　「以前革命是因為民不聊生，但現在是『革命』弄得民不聊生」，阿朗認為，在反修例期間，許多人都失去了基本的守法意識和互相的尊重，令本來是一個高度文明社會的香港，墮落得好像是一個沒有法治的第三世界社會。他希望年輕人可以明白這一點，「香港的未來是要靠年輕人建立的」，並堅信只要尋回法治，香港便會恢復昔日的繁榮和穩定。

扭曲的臉

刑事偵緝警員
加入警隊 13 年

▽

警員代號
阿力

　　刑事偵緝警員阿力參與了一項危險的「特別任務」，就是穿上黑衫黑褲，走入反修例示威現場觀察和追蹤示威者，目標是透過暗中調查，找到和拘捕事件背後的煽動和策劃者。

　　至年底，不幸的事發生了，阿力外出執行特別任務期間，因被揭露其警察身份，慘遭一班年輕暴徒圍毆「私了」，身上多處嚴重受傷，後腦遇襲血流不止，入院縫了大

約 50 針，還因其左邊鼻翼中了刀傷，需進行耳鼻喉手術。他慨歎，眼見這些青年人被人煽動和利用而犯案，完全喪失理性，不顧及法律後果，「這點給我的震撼，遠超於我身體上承受的傷痛」。他事後沒帶一點怨恨，只期望可儘快拘捕事件的幕後主腦，也希望年輕人處事不應隨波逐流，人云亦云。

香港於 2019 年 6 月爆發反修例示威，警方部署「踏浪者」行動來應付與示威者之間的衝突，並安排刑事偵緝警員負責搜證和調查，加入警隊 13 年的刑事偵緝警員阿力便是其中一員。有見情況越來越嚴峻，警方其後展開了一個「特別任務」，就是安排人手在現場暗中追查示威者。阿力雖然深知特別任務有一定的危險性，但他亦毫不畏懼，接受挑戰。

圍毆三分鐘致血流披面

2019 年底本港多處發生示威活動，其中一次，阿力接獲指示需到不同的示威現場執行特別任務，並穿上與示威者打扮相似的黑色上衣和黑色短褲，面上帶上口罩，站在人羣中間察看。根據阿力從旁觀察所得，示威者的分工很細緻明確：有些人負責衝擊，有些人周圍遊走當「哨兵」負責通傳，有些人負責傳遞物資，也有人負責搬運垃圾桶等雜物。期間，有示威者懷疑阿力的身份並加以試探，高叫「有警察

呀」，但阿力沒有回應，便慢慢轉身打算離開現場。阿力走了幾步路，突然有數十人跑上前包圍住他，阻止他離開，詢問他在這裏做甚麼，又詢問他是不是警察。

包圍他的示威者還不斷朝他大喊，要求他打開身上的斜背袋和銀包，讓他們檢查身上是否有警察委任證，以證實自己不是警察，期間還不斷恐嚇阿力說「如果你不拿出來，我們就打你」。阿力當時見在場有不少暴力示威者手持雨傘、槌子、利器、士巴拿等具殺傷力的器具，他選擇了一個方向突出重圍奔跑，務求盡快離開現場。

不過，阿力跑了約 100 米左右，再遭暴徒們攔截，大概 10 名看上去年約十多歲至二十歲的青年，便羣起輪流圍毆他。阿力說，「他們把我圍住，把我推倒在地，然後用他們手上的利器、士巴拿等不斷毆打我，還打我的頭部和後腦」，毆打過程歷時約三分鐘。阿力的頭顱和後腦被打，令他血流披面，臉部和手腳等多處部位也被利器割傷致流血；全身還有多處瘀傷。

大腿中刀

之後，阿力感覺有一個人扶起了他，但混亂中不知對方是誰。與此同時，阿力再被人毆打，兩條大腿中刀，只可勉強站立一會或步行數步，但再沒有力氣跑動了。他身上的斜

背袋在混亂中或許露出了警棍，他當時聽到有人指着他粗俗地大喊，這個人真的是警察。滿身是傷的阿力，因全身劇痛，頭腦一片空白，隱約聽到有人自稱是協助救援的人士，並上前用繃帶為阿力多處傷口止血和包紮，其後同袍召喚救護車將阿力送院治療。

最後阿力入院共縫了大約 50 針，還因其左邊鼻翼中了刀傷，需進行耳鼻喉手術。為他進行手術的醫生表示，利器差一點刺到他左邊鼻翼的軟骨，萬一傷及軟骨，就會影響呼吸和嗅覺功能。經過治療後，阿力留院半個月之後出院，再待在家中休養兩個多月，並接受物理治療。兩個月後，他重新返回警署工作，其上級考慮到阿力的身體狀況，就安排他在辦公室內做一些文件處理工作，即使需要外勤，也會安排一些危險性較低的工作。

「互不相識，卻好像要殺了我」

阿力表面的多處傷痕逐漸癒合，但事件為他造成的心理陰影卻揮之不掉。他說，出院後在家休養期間，出門到樓下吃飯或買東西時，每當看到穿黑色上衣的青少年，就會馬上提高警覺。他覺察到自己這種情緒並不尋常，擔心自己是否因「私了」事件出現心理陰影，便主動向心理醫生求醫。不過幸好，後來他隨着時間慢慢將事件淡忘，這種症狀持續了

一段時間後，就逐漸消失了。

阿力形容，「這是我人生中承受過的最嚴重的傷」，當時圍毆他的人大多是十多歲至二十歲的年輕人，理應還在學校讀書求學。「惟他們是示威者，我是執法者，我們兩者之間可能存在一些偏見，他們因而對警察說一些侮辱性的言語，我是能理解的。但我無法理解他們手持槌子、士巴拿、利器等毆打我，好像要打死我一般。我和他們之間互不認識，也沒有任何恩怨，但他們卻顯示出一副好像要殺了我的模樣」。

他形容，當被羣起圍毆時，他只感覺到身上的痛楚，但眼見那批年輕人毆打他時面容扭曲，好像是失去了自我、失去了理性，完全不考慮後果，「這點給我的震撼，遠超於我身體上承受的傷痛」。

無怨恨反同情青年被洗腦

阿力雖然被毆致傷，但他事後也沒有耿耿於懷的感覺，反而對施暴者寄予同情之心。「我知道那些施暴者只是十多歲的孩子，他們沒有獨立思想，或者只是被人利用，到頭來他們還要承受法律的制裁，留下案底。我內心真的很想放過他們，他們毆打我，莫非我也要毆打他們嗎？他們只是未懂分辨對錯而已，但他們犯了刑事罪行，還是要負起應有的

示威中常見年輕人的身影，他們是否知道在爭取甚麼*

法律責任。」

阿力認為，「現今這些代表我們香港未來的年輕人，似乎不知道自己到底在爭取甚麼，也沒有想過後果。他們被別有用心的人利用，別人說甚麼他就跟着說甚麼，猶如被人洗腦一樣」。他們完全沒有考慮過，示威的時候藏有武器或襲擊警察，都有可能會被拘捕，一旦被判罪成留有案底，將影響其一生的前途，他感慨，「香港年輕人為甚麼會變成這樣，沒有了分析能力和判斷能力」。

---

* 該圖片原圖由橙新聞提供

特別行動是為找出幕後主腦

在反修例事件期間，阿力不是唯一一個被「私了」的警察；至於其他被「私了」的警察個案，情況也相類似。而參加這個特別行動的原因，主要是查找和拘捕在背後主導、煽動和策劃這些非法示威行動的人。「我們在現場，可以看到有一些示威者會當第一個扔磚頭的人，再誘使其他示威者進行暴力行為，當他點燃火頭之後，就會有人開車載他逃離現場，或者他自行乘坐的士離開」。他認為，若不拘捕這些背後的主導者，就難以制止他們繼續煽動學生，暴力示威活動也就永遠不會停止；而目前特別任務也頗具成效，一些在背後策劃的領導角色已被警方相繼逮捕。

縱然特別任務的工作艱巨，甚至要冒着性命危險，但他從不後悔，「如果我們當警察的都不去制止他們，誰來制止他們？」他希望香港的年輕一代，可以讀好書，好好學習做人處事，獲得新的知識，以增強自己的分析能力，不要那麼容易被人煽動。他說，學生有自己的政治理念和取向無可厚非，但不要被一些有心人利用，做出一些違法的行為導致自己將來後悔莫及。

第四章

香港的基石

香港是自由的城市，居民也充分地享有各種權利，但自由和權利的行使並不是任意和完全沒有節制的，它仍要合乎法律並「以法達義」。這其中彰顯的法治正是香港賴以成功的基石之一。

至於坊間所流傳的「違法達義」，它已經「違反法律，這句話本身已與法治觀念自我矛盾」。

「我們受夠了！」

署理輔警總督察（正職為執業律師）
加入輔助警察工作 9 年

▽

警員代號
Hugo

「當警察是我從小的志願，做輔警可以一圓我多年來的夢想，竭盡所能為全港大眾市民服務，亦可繼續發展我作為執業律師的正職，維護香港的法治精神。」

在香港土生土長、親眼見證着香港過去數十年來發展的 Hugo 重申，「法治是香港賴以成功的其中一個重要基石」，惟暴徒以及年輕一輩在短短數個月期間，四出破壞，視法律為無物，令香港頓時變得非常陌生。作為輔警執行警

務工作的他，由始至終，最希望為大眾市民服務，保障市民的生命財產安全，「只要穿得起警察制服，就要承擔起保護香港市民的責任」。他也盼望年青人三思、守法，讓香港重返正軌。

兒時即立志服務市民

Hugo 自幼對警務工作擁有濃厚興趣，認為警察維護法紀及保障市民生命財產的工作十分有意義，他憶述道，「我就讀小三時隨家人搬屋，需跨區上學，放學時回家一度迷路，幸好有警察發現我這隻迷途小羔羊，很溫柔細心地安慰我，協助聯絡到我的媽媽，警察便開警車送我回家了」。因此，他小時候的志願是當警察，希望除了捉賊之外，還可在市民有需要時，伸出援手提供協助。

他高中時主修理科，升讀大學就讀醫療相關的學系，畢業後從事醫療器材的市場及銷售工作，並不忘持續進修。由於他依然對警務工作存有深厚的情結，故報讀了法學博士課程，在學習刑事法期間，接觸不少警察執法的案例，並機緣巧合遇到一名現役輔警的朋友。對方向他分享了當輔警的經驗和體會後，觸發他立即報考輔警的想法，以圓兒時夢想。

Hugo 於 2011 年加入香港輔助警察隊，經過為期八個月的基礎訓練課程後，正式被派往分區工作。他新入職時由

輔警員做起，主要負責前線的警務工作，包括巡邏及人羣管理工作，輔警隊亦會就法例、警務程序、槍械使用、遇抗控制及社區警政等內容提供持續性的訓練。

Hugo 正式當上輔警後，不忘盡力協助市民。他憶述，有一次他和拍檔巡邏期間，巡經一個街市，看到坑渠旁邊有一位老人家正在用剪刀處理紙皮，期間不小心把剪刀掉進坑渠內，他們立即上前幫忙，其拍檔負責拉起渠蓋，而他則負責伸手進坑渠內撿回剪刀。當他把剪刀交還給老人家時，對方十分感激，更有一位途人向他們遞上濕紙巾表謝意。「一件小小的事情，至今我仍記憶猶新，十分有滿足感。」他累積了數年警務經驗後，晉升至輔警督察，完成訓練後被派駐到警區的軍裝巡邏小隊擔任小隊指揮官。

在反修例事件期間，大量遊行示威及集會等活動持續發生，輔警隊協助正規同事處理當中的人羣管理工作，同時亦為正規同事提供人手，支援各警區日常巡邏及警務工作，協助維護法紀，保障市民的生命財產安全。其中，Hugo 亦處理過約十次與反修例示威相關的工作，他主要負責其中一個分區，帶領輔警同事向正規同事提供支援指揮工作。

「任你怎說，安守我本分」

正職為執業律師的 Hugo，於 2015 年 11 月開始執業，

主要從事刑事和民事訴訟工作，亦獲得律政司聘任為外判檢控官，還擁有被認可的調解員資格。他親眼見證着香港過去數十年來的發展，「我認識的香港人是守望相助、親切有禮、奉公守法、和而不同的，為何在這短短數月之間，會出現翻天覆地的轉變，暴徒四出破壞，因意見不同而傷害他人，視法律如無物，香港突然變得很陌生」。他直言，香港一直都被公認為世界上最安全的地區之一，在自由指數、法治指數及警察可靠度等方面均名列前茅，這是經過香港數代人努力經營的成果，而作為香港人，亦一直引以為豪並珍而重之。

Hugo 的輔警職務雖然屬於兼職，但他熱愛警務工作。身邊的朋友在反修例示威期間，經常在他面前批評警察的處事方式，而他作為輔警，亦諒解一般市民只接收到部分資訊，角度片面，看不到整件事的始末，故不會與他們爭拗，「他們會批評警察使用武力對待示威者，但往往不知道暴徒之前做了甚麼違法行為及使用甚麼暴力襲擊警察」。

面對旁人對他當輔警的種種批評，Hugo 總是一笑置之。有一首歌的歌詞是：「是錯永不對，真永是真，任你怎說，安守我本分⋯⋯是非有公理，慎言莫冒犯別人⋯⋯自信滿心裏，休理會諷刺與質問，笑罵由人，灑脫地做人」，這對他有很大的啟發。他堅信，香港仍有很多市民是支持警

察的，而這個想法亦在他當值輔警時得到印證，「我在執行人羣管理工作時，獲得不少途人向我們表示支持，為我們打氣」。

法治是香港成功的基石

早年有份帶領違法佔領行動的學者曾鼓吹「違法達義」，更於 2020 年 4 月在社交平台發文聲言「不公義的法律就不是法律」，引來一羣港大法律系畢業生及律師不滿，並以一篇標題為「我們受夠了」的公開信作回應。

修讀法學博士的 Hugo 指出，「法治是香港賴以成功的其中一個重要基石」，又指反修例事件期間，暴力及違法行為不斷出現，嚴重衝擊香港的法治，「我個人不認同『違法達義』或『公民抗命』等做法，因為這些行為都是犯法的」。他續稱，法院於 2017 年在處理終院刑事上訴 2017 年第 8-10 號的非法集結案件時，已經於判詞中清楚指出：（一）當非法集結涉及暴力，即使涉及相對較低程度的暴力，也不會被容忍，在未來亦可能合理地招致即時監禁的刑罰；以及（二）以行使憲法權利或公民抗命之名來為違法行為求情，所給予考慮的比重將會很少，因為被定罪必然是指罪犯已逾越了合法行使其憲法權利與被制裁和限制的非法活動之間的界線。

部分青少年在反修例事件中涉嫌干犯縱火、傷人、襲警、暴動等罪被捕，Hugo 表示，「所謂『公民抗命』不是這樣的，理應是感到某一條法例或政策不公義，便試圖以公開、非暴力、真誠、政治性的違法行為，試圖改變該政策或法律，並通過接受法律處罰來保證誠意」。反觀反修例事件中的被捕者，他們使用暴力，涉違法被捕時會逃走、襲警、拒捕等，事實上，他們亦似乎不願意接受相應的懲罰，因此，他認為這一切絕不是「公民抗命」，又或是年輕一代根本不理解「公民抗命」的真正意思。

要達目的，有很多其他方法

至於令不少暴徒感到恐懼的暴動罪，Hugo 則舉例解釋，在 2016 年旺角暴動事件中，有被告人因暴動罪被判囚七年，在高等法院處理暴動案判刑時，法官拒絕接納政治背景為求情因素，認為這會向社會傳達錯誤訊息，讓市民誤以為對政府或現狀不滿便可訴諸暴力。

「小時候對歷史科完全沒有興趣，總覺得前人的事已發生，沒有必要再學習和討論，但人大了，經歷的事多了，發現每天發生的事，與歷史事件會有相似的地方，的確值得後代去學習研究，借古鑒今。」

Hugo 認為，雖然新一代年輕人有自己的一套想法，但

他亦希望學生可在學校裏努力學習不同知識，明白事理，讓自己有獨立思考的能力，不易被人唆擺，遇到問題時懂得搜集資料、思考分析，建立自己的看法，「可以想一想，如要達到目的，實在有很多其他方法，是否一定要違法，達到心中的『義』？」他呼籲年輕一代三思，可研究如何透過公義合法的途徑，去改變現行法律，爭取他們希望得到的東西。

Hugo 認為，不同人士對各種事情持不同意見，是很正常的現象，但彼此之間應互相尊重；而表達意見的方式及爭取改變的途徑，亦必須合法，「香港今時今日的繁榮穩定得來不易，年輕人是未來的主人，香港的將來都會交到年輕人的手中，希望年輕人好好珍惜」。

錯誤的訊息

刑事總部商業罪案調查科偵緝警長
加入警隊 25 年

▽

警員代號
阿昌

　　警察的刑事調查工作包括調查、搜證、舉證及拘捕疑犯等，以維持社會治安，保障市民生命財產安全。不過，修例風波發生後，越來越多暴徒公然挑戰法律，縱火、傷人、投擲汽油彈、打砸港鐵站等嚴重刑事案件持續發生，數量比以往大增三倍。

　　不單是暴徒罔顧法紀，部分周遭人士或示威者也千方百計阻撓警方搜證，甚至針對供警方查看閉路電視影像作搜證

的商場或店舖；警方如常執行拘捕時也要遭圍堵喝倒彩。刑事總部商業罪案調查科偵緝警長阿昌直言，若各方表現不合作，搜證時間往往被拖延，令刑事案件調查困難重重，「就算警方在現場拘捕違法者，但可能最後都因為證據不足，而無奈地要釋放」。若情況長期發生，他擔心會給予犯案者一個錯誤訊息，誤以為犯法毋需承擔法律責任，長遠影響社會的治安和穩定，最終連帶市民的生命財產安全也會受到威脅。

刑事調查工作增三倍

　　阿昌是刑事總部商業罪案調查科的一名偵緝警長，他加入警隊 25 年，大部分時間負責刑事調查，曾在重案組、反黑組、有組織罪案及三合會調查科（俗稱 O 記）等部門工作過。2019 年的 1 月份，開始駐守商業罪案調查科，負責商業詐騙案件。2019 年 6 月開始，阿昌主力負責與反修例事件相關的刑事調查，特別是處理嚴重案件，包括縱火、非法集結、襲警、投擲汽油彈、打砸商舖、警車及港鐵站等，他負責搜集證據、證物、閉路電視影像、尋找證人等，在此基礎上再作進一步分析和調查。他合共處理過超過十宗案件，每逢星期五、六、日這種示威活動特別密集的日子，更需隨時候命，一旦發生重大案件，便需臨時上班。

阿昌直言，自從反修例事件發生後，刑事調查的工作量比平日大幅增加三倍，刑事總部已有半數同事被調去處理與反修例示威相關的調查工作，但有時候單次拘捕多達 200 多人，人手再多也不足夠應付。加上在此期間，警方連索取閉路電視畫面、搜集證據、尋找證人上庭作證，以及檢控等，都比以往困難得多，所花的時間亦比以往更長。

商戶顧慮多，搜證受阻

　　在刑事調查的過程中，警方很多時候需觀看與案情有關的閉路電視影像，來追查案件細節。阿昌透露，之前到商場或店舖索取閉路電視影片的過程簡單得多，只需告訴對方自己是警察，並出示警察委任證即可，部分或會循例要求警方管理層發一封信，書面解釋索取的原因和用途，一經商場負責人或店長同意，便可立即取得指定時段的閉路電視影片，幾乎毋需等待。

　　但在反修例事件發生之後，一些大型商場負責人，往往擔心讓警察入內查看閉路電視片段搜證時，會被示威者發現，繼而被上載至網上平台遭到標籤，再被列為下一個破壞及針對的目標，所以都要求警方低調處理，或要求警方在獲得法庭頒發搜查令後，才自行複製指定日子和時間的閉路電視影像，儲存在硬盤內交予警方。更有部分店舖刻意不合

作，提出很多藉口，如閉路電視錄不到影像，或者說閉路電視壞了，千方百計拒絕配合警方調查。他說，若搜證時遇到這種情況，警方便需要在辦公時間內向法庭申請搜查令及等待批核，獲批出後還要等待相關店舖將影像複製，再交給警方，過程往往需要花上四天至一個星期不等。

阿昌無奈地說，以往若店舖配合警方查案，很快便可從閉路電視影片中鎖定嫌疑者，但現時不少店舖要求我們出示搜查令，往往拖延了搜證時間，錯失了鎖定疑犯及拘捕的黃金期，對警方調查和逮捕造成一定的困難。

搜證遭圍堵攻訐

阿昌親領便衣警員到商場查案期間，也試過被示威者發現，並遭數百人圍堵，搜證及拘捕工作遭到嚴重阻撓。他憶述，在 2019 年 9 月至 10 月期間，有一次，他與十多名便衣警員接報前往一個商場調查案件，並需即時查看商場內的閉路電視影片，期間很快被示威者發現和圍觀。圍觀者人數越來越多，累積至 300 人，有人當場高呼口號，也有人辱罵他們，並大聲詢問他們到商場查看閉路電視所為何事。他們一行只得十多名警員在場查案，最後惟有召喚防暴警察到場協助封鎖現場，才能繼續搜證，「主要是要確保同事安全」。

還有一次，在一座大廈作拘捕行動時，大廈樓下有多達200名途人或示威者圍觀，不斷咒罵警察，阿昌也只好呼召防暴警察到場戒備，以防止示威者阻礙警方執法。警方最終拘捕了三至四人，惟旁觀者仍大喊「放人」的口號，又大聲查問被捕疑犯的全名、身份證號碼以及聯絡電話號碼，聲言要拯救他們的「手足」，為他們尋找律師。

查案是與時間競賽

阿昌解釋，按照一般程序，警方拘捕示威者後，會安排被捕人士乘坐警車到警署，向警署值日官報告拘捕詳情。警署亦會定時為被捕人士安排一日三餐。若被捕者屬16歲以下人士，警方必須通知其家人前往警署陪同錄取口供；而年滿16歲的被捕人士，則可由警方安排直接錄取口供，如他們需要致電其家人，警方亦會協助安排。他又指，所有被捕人士任何時間都可以見律師，被捕人士可直接聯絡其代表律師，若他們手上沒有任何律師的聯絡資料，警署亦會向他們提供律師名冊。

除了搜證和拘捕遇阻外，警方尋找證人作供也遇到不少困難。阿昌解釋，由於法庭上會公開控方證人的全名，加上證人需親自現身法庭回答法官的提問，令不少市民因擔心被網民起底而不敢站出來，拒絕當證人。他說，很多時候都

要給予證人一些信心，告訴他們香港還是一個法治社會，在庭上的時候，也會有警員在場保護他們，讓他們講出所見所聞；但如果對方仍拒絕當證人，他們就只能再找其他側旁的證人，或者用閉路電視影像等證據取代。

阿昌直言，不少涉及反修例示威的刑事案件的案情比較複雜，亦會同時拘捕大批涉案者，程序上需要多做功夫，他試過因查案而三天三夜沒有回家。那一次涉及毆打案件，警方拘捕了多達 30 人，他們涉嫌非法集結、刑事毀壞等罪行，阿昌與同事們聯絡了約 30 間店舖，要求提供閉路電視影片，但當中有 20 多間均要求警方出示搜查令。

第一天，他們準備相關文件向法庭申請搜查令，接見疑犯，分析表面資料和證據，並就表面證據充分的個案，準備文件提出控訴；第二天及第三天，警方需評估案情、處理大批被捕者的擔保工作，也需要到法庭跟進相關事宜，他們力求在扣留被捕者的 48 小時內，完成初步調查工作。他直言，「很多店舖的閉路電視硬盤，只能保留過去七日內的影片，加上大多店舖要求我們事先向法庭申請搜查令才會提供影片，所以我們要與時間競賽，查案也要分秒必爭。」

襲警罪證明顯難脱身

　　警方搜證困難導致舉證也困難，令不少示威者及暴徒違法及犯案的膽子越來越大。他解釋，每個案件必須搜集足夠的證據，才可控告上法庭。若警察不能依法辦案，案件未能控告到法庭上，犯案者可能會逃脱責任。若情況持續，或會給犯案者傳達一個錯誤訊息：即犯法無需負法律責任，這亦可能會導致他們認為下一次的違法行為可以更加激進。

　　阿昌解釋道，有些人第一個衝出去投擲磚頭挑釁警方，後面的人跟着他們投擲磚頭，這一刻令他們感到很有成就感；加上他們總覺得就算犯了法，警察找不到證據控訴他，也只能放人。這種心態讓他們越來越大膽，由投擲磚頭改為投擲汽油彈、炸彈等，暴力行為不斷升級，也不覺得自己犯法。「如果有 100 人攻擊警察，最後只能抓住 10 個，剩下的 90 個逃之夭夭，就會讓他們產生僥倖的心理。」

　　他在調查刑事案件期間，除發現部分年輕人作出犯法行為時總是心存僥倖外，亦發現他們擁有一些錯誤的法律觀念，往往誤以為被捕後致電律師便能解決問題。但事實上部分案件證據非常明顯和直接，如毆打警察，已足以控告他涉嫌襲警，一旦被判罪成，可能面臨監禁，還會留下刑事案底。很多年輕人往往在審訊完畢後，才懂得後悔，但經已太

遲了。他坦言對此感到可悲，希望政府從教育入手，教導年輕一代重拾正確的知識、理念及價值觀，更重要的是要讓他們知道，犯法必需負上責任。

對香港重歸法治有信心

阿昌也是身為人父，自己的女兒剛 10 歲，她在反修例期間也在學校受到朋輩壓力，如有同學刻意詢問她的父親是否是警察等。阿昌也曾就孩子在學校的安全問題與太太商量過，但認為教育孩子誠實這一價值觀十分重要，因此，他教女兒如實回答，如對方繼續問得很詳細，便請女兒回來告訴他，同學們問了她甚麼，大家再一起討論和分析如何應對。不過，幸好女兒一直沒有在學校被欺凌。阿昌希望年輕人也可就每個問題多作分析，多聆聽正反兩方的意見，多思考，再建立獨立的思考批判能力，不要只受同輩影響；而且做任何事前，都應該想想後果並加以判斷，再決定「做還是不做」。

雖然刑事案數量大增，搜證又困難重重，但他認為修例引起的風波只屬短暫狀況，對香港重回法治社會正軌充滿信心。而現在大批暴徒及示威者不斷挑戰法律，他深信，只要將犯法的人入罪，讓其他人明白犯法是會受到法律制裁的，大家就會知道守法的重要性。因此，他會更加努力調查每一

件刑事案件，搜集證據，將犯法的人繩之於法。他又提到，除涉及反修例示威的刑事案件外，還有很多其他刑事罪案需要警方透過搜證進行調查，他希望大眾市民攜手合作，共建法治和安定的社會。

唯有「以法達義」

前香港特別行政區律政司副刑事檢控專員、
前首席政府律師

▽

沈仲平博士

　　反修例示威嚴重破壞本港法治，警方自 2019 年 6 月 9 日至 2020 年 2 月 29 日，共拘捕 7613 人，年齡介乎 11 至 84 歲，被捕人士涉及的罪行包括參與暴動、非法集結、縱火、刑事毀壞、傷人、襲擊致造成身體傷害、普通襲擊、襲警、管有攻擊性武器等。

香港是法治社會，行使自由和權利必須合乎法律

自由並非無限制

前香港特別行政區律政司副刑事檢控專員沈仲平大律師指出，香港是一個法治社會，法律面前人人平等，惟在反修例事件中，不少示威者干犯多項刑事罪行，對香港法治造成嚴重衝擊和傷害。他指出，香港居民享有言論自由，遊行、示威和集會的自由和權利，但國際公約和法律賦予公民的權

利和自由並不是完全任意施行和沒有限制的，因此，在行使自由和權利時必須合乎法律和「以法達義」。對於坊間有人倡議所謂的「違法達義」，他不表認同，直指「違法達義」已經違反法律和法治的基礎，違法亦須承擔一切法律後果及刑事責任。他又特別提到，部分嚴重的刑事罪行判處刑罰相當重，如縱火，一經循公訴程序定罪，最高刑罰可判處終身監禁，呼籲示威者三思而行，並再三提醒年輕人，即使被煽動犯法，亦需承擔相關的法律後果及刑事責任。

現為香港特別行政區執業大律師的沈仲平博士，身兼英國、香港高等法院及澳大利亞聯邦高等法院大律師。1986 年返港，受聘為香港律政署檢察官；2016 年退休前是香港特別行政區律政司副刑事檢控專員、首席政府律師。他曾代表香港特別行政區檢控前特首曾蔭權，前政務司司長許仕仁的貪污案、「三大賊王」之一季炳雄案和入境處的縱火案等。

沈仲平大律師是國際公認的反腐敗和打擊有組織犯罪專家，現為或曾受委任為國際檢察官聯合會（International Association of Prosecutors）（2000）反腐敗專家小組成員、英國《金融經濟犯罪學報》（Journal of Financial Crimes）專家顧問、上海復旦大學國際諮詢委員會委員、清華大學研究生院、中國人民大學等高等院校的客座教授、兼職教授、香港大學 SPACE 客席教授。

「法治」究竟是甚麼

香港是一個法治社會，但長達近一年的反修例示威，當中涉及大量暴力違法行為，引發不少人對「法治」二字出現不同的理解和爭拗。沈仲平大律師表示，根據他的理解，法治是一個長遠建立的制度，1885 年牛津大學的戴雪（A. V. Dicey）教授在《憲法學研究導論》(*Introduction to the Study of the Law of the Constitution*) 中已有闡述。法治的基礎是法律，有法可依，原則是法律面前人人平等，人民和政府均需守法。香港司法獨立，因此，若然香港居民或政府不守法，法院可依據法律作出裁決和救濟。

同時，在法治社會中，亦須做到「以法制權」和「以法達義」。沈仲平大律師解釋，「以法制權」是人民和政府享有的權利受到法律的規範和節制，「香港居民享有言論自由，亦擁有遊行、示威和集會的自由，但並不是任意地和完全沒有節制地行使有關自由，否則天下大亂，亦違反法治的原則」。至於「以法達義」，就是公義必須在法律制度和原則下合法彰顯。

「違法達義」已與法治觀念矛盾

不過，有人卻在反修例中鼓吹「違法達義」，企圖煽動他人透過違法的行為去達到所謂的公義。沈仲平大律師斷

言，不認同「違法達義」，更質疑誰能就「違法達義」設定各人都能夠接受的標準和準則。他認為，「違法達義」已經「違反法律，這句話本質已與法治觀念自我矛盾」，而當中的「公義」亦難以有共識給予定義。在一個法治社會，法律與時並進，「如果一些法律需要修改，應在全民或大部分人達成共識時，再經立法程序審議尋求改變」；而不應透過推翻現有法律以達到其目的，「如果推翻法律和制度，無法可依，必然天下大亂，還說甚麼法治？準則是甚麼？」

　　他強調，公民抗命並不是要破壞法治。公民抗命是故意違法，是真誠、溝通與非暴力，是說服而非逼迫。基於對法治的尊重，採取公民抗命的人必定會自願面對司法的裁決，接受懲罰。如漠視法治作出所謂的「公民抗命」，結果只會是無政府狀態，亦毋需再談甚麼法治精神。部分人士聲稱違法的目的，是為了守法。他認為有關說法完全令人費解。他續稱：「公民抗命的目的可以透過尊重他人和尊重法治的途徑爭取。」他舉例說，香港居民在法律享有言論、遊行、示威和集會的自由和權利，假如有人不同意香港特區政府的施政，都可以利用這些合法的自由和權利向政府表達不滿的意見。不過，在反修例事件中，他看到的是，當示威者遇到持不同政見或意見的人士，便會隨意毆打對方，甚至圍毆對方作「私了」，更令他質疑這些行為，如何與「公民抗命」扯

上關係。「易地而處，這些人士若受對方私了，是否也能接受對方的非法暴力行為是公民抗命？」

暴動罪早已有之

沈仲平大律師指出，香港現今的大部分法律條文，包括暴動罪、非法集結罪等，早於港英政府時代經已存在，並非在香港回歸後才突然誕生的。他指出，《香港法例》第 245 章《公安條例》早於 1967 年暴動後經已制定，其中第 18 條《非法集結》亦早於 1970 年已作出修訂，其後再先後於 2013 年及 2017 年分別再作修訂；根據《非法集結》條文列明，凡有三人或多於三人集結在一起，作出擾亂秩序的行為或作出帶有威嚇性、侮辱性或挑撥性的行為，意圖導致或相當可能導致任何人合理地害怕如此集結的人會破壞社會安寧，或害怕他們會藉以上的行為激使其他人破壞社會安寧，他們即屬非法集結；而任何人如參與該非法集結，即犯非法集結罪，一經定罪，最高刑罰可判處監禁五年。

至於《公安條例》第 19 條《暴動》亦同樣早於 1970 年作出修訂，其後再先後於 2013 年及 2017 年分別再作修訂，《暴動》條文列明，如任何參與憑藉第 18（1）條被定為非法集結的集結的人破壞社會安寧，該集結即屬暴動，而集結的人即屬集結暴動；任何人參與暴動，即犯暴動罪，一經

定罪，最高刑罰可處監禁十年。

反修例活動易觸犯刑事法例

沈仲平大律師直言，在反修例事件中，有更多的刑事法例可被適用。他舉例說，不少示威者在公眾地方動輒作出喧嘩或擾亂秩序的行為，但事實上，根據《公安條例》第 17B 條《公眾地方內擾亂秩序行為》，任何人在公眾地方作出喧嘩或擾亂秩序的行為，或使用恐嚇性、辱罵性或侮辱性的言詞，或派發或展示任何載有此等言詞的文稿，意圖激使他人破壞社會安寧，或其上述行為相當可能會導致社會安寧破壞，即屬犯罪，一經定罪，最高刑罰可判處監禁十二個月。

另一例子是根據《公安條例》第 26 條《公眾聚集中倡議使用暴力》，一經循公訴程序定罪，最高刑罰可處監禁五年。還有，不少示威者被捕後，警方從其身上或背包內檢獲攻擊性武器，他指，根據《公安條例》第 33 條《在公眾地方管有攻擊性武器》列明，任何人如無合法權限或合理辯解而在任何公眾地方攜有任何攻擊性武器，即屬犯罪，一經定罪，法庭必須依法按其年齡判處不同的即時監禁或管制刑罰。

另一邊廂，部分暴力示威者遇到持不同政見或意見的人士，便會向對方施加暴力，甚至動輒圍毆對方作「私了」，但施暴者當時或未有想過嚴重後果。他指出，根據《香港法

例》第 212 章《侵害人身罪條例》，若因普通襲擊或傷人導致他人死亡，即使沒有意圖造成對方嚴重傷害，亦可構成誤殺罪；任何人被裁定犯誤殺罪，最高刑罰可判處終身監禁。

若在襲擊或傷人時，有意圖造成對方嚴重傷害並致死亡，則可構成謀殺罪；任何人被裁定干犯謀殺罪，必須依法被判處終身監禁。同時，《普通法》亦涵蓋公眾地方《聚眾毆鬥》（Affray）罪，最高刑罰可判處監禁七年。因此，他希望藉此提醒示威者，「私了」後果嚴重，判刑必然是即時的長期監禁，甚至可判囚終身，故務必三思而行。

至於在反修例事件中經常出現的街道放火、毀壞交通燈、地鐵站或商店等行為，他則引用《香港法例》第 200 章《刑事罪行條例》第 60（1）條對財產的刑事損壞中的摧毀或損壞財產，該條文列明，任何人無合法辯解而摧毀或損壞屬於他人的財產，意圖摧毀或損壞該財產或罔顧該財產是否會被摧毀或損壞，即屬犯罪。一經定罪，最高刑罰可判處監禁十年。根據第 60（2）條，任何人無合法辯解而摧毀或損壞任何財產（不論是屬於其本人或他人的），意圖摧毀或損壞任何財產或罔顧任何財產是否會被摧毀或損壞，及意圖藉摧毀或損壞財產以危害他人生命或罔顧他人生命是否會因而受到危害，即屬犯罪。根據第 60（3）條，用火摧毀或損壞財產而犯本條所訂罪行者，須被控以縱火罪。任何人犯第

60 條所訂的縱火罪或第 60（2）條所訂的刑事毀壞罔顧他人生命因而受危害罪（不論是否屬縱火），一經定罪，最高刑罰可判處終身監禁。

十一歲已需承擔刑責

　　除上述在反修例事件中頻頻出現的刑事罪行，判刑可相當重，包括可判處終身監禁外，更值得留意的是不少被捕人士屬年輕人，當中有被捕人士只得 11 歲。沈仲平大律師指出，根據《香港法例》第 226 章《少年犯條例》，香港刑事責任年齡為 10 歲，所以 11 歲已需承擔刑事責任。不過，法律亦有相關條文保障未滿 16 歲的未成年人士，包括設立少年法庭處理相關案件。但未成年人若與成人共同犯罪，可一併移交成人法庭審訊。

　　「香港只有一套法律，法律面前人人平等，年輕人沒有任何特權在犯罪後免負刑責。雖然會考慮到未成年人當時的心智和能力，可能較容易被他人煽惑，以及他們的自身、教育及日後重投社會等因素，並且相關的法律一向關注未成年人的福祉，但同時亦必須考慮其干犯的罪行的嚴重性和對社會公眾的傷害，一般而言，罪行越嚴重，獲輕判的機會就相對越小」。他提醒年輕人，不懂香港法律並不意味毋須承擔法律後果，這只是求情理由之一。若因干犯嚴重刑事罪行而

留有刑事案底，對將來申請加入大機構、專業團體和報考公務員等，也會有一定程度的影響。

「港人現時甚麼自由被削減了呢？」

從事法律工作超過 30 年的沈仲平大律師慨歎，「整場反修例運動，對香港法治造成嚴重傷害」。他反問，「相比起港英政府時代，香港人現時有甚麼自由是被削減了呢？」他直言，自己多年作為法律工作者，完全尊重香港居民透過遊行、示威及集會等合法表達意見的自由和權利，但所有法律賦予的自由和權利都不是任意和完全沒有限制的；當大家行使個人的自由和權利時，亦必須同時尊重他人的權利和自由。

「我不相信違法可達公義和法治。我不相信暴力能夠解決問題，任何暴力都只有破壞，沒有任何好處，亦不能也不會解決任何問題。我相信暴力只會摧毀法治，及對社會造成難以修復的損害，甚至導致無政府主義的混亂」。他亦希望示威者想一想，「使用暴力前，有沒有考慮其他人的合法權益？易地而處，別人對他們任意使用暴力能夠接受嗎？他們有沒有考慮用正面和有建設性的其他方法去改變社會以達公義？」

沈仲平大律師提醒年輕人，即使受煽動而犯罪，亦需承擔嚴重的法律後果和刑事責任。因此，他認為大家應以和平

和理性的思維和方法，尋求共識，處理社會的矛盾和問題。他亦建議政府長遠必須處理好教育和民生問題，並從教育入手引導年輕一代走正確的道路。

第五章

立場重於一切？

修例風波發生後，社會形成了一個個回音室，大家在裏面只聽願意聽的觀點，只看願意看的畫面，互相吶喊、譴責，希望改變對方，到頭來卻發現是自說自話。

這回音室裏形成的立場令家庭、友鄰撕裂，但是否想過，它真的可靠嗎？走出回音室，又會看到怎樣一片天空？

放下自己再聆聽

警察臨牀心理學家
加入警隊服務 20 年

▽

代號
Wing

  2019 年是警察心理服務課臨牀心理學家 Wing 加入警隊以來最難忘、印象最深刻的一年。她眼見眾多警務人員在修例風波開始以來所承受的壓力，「真的很希望可以做一些事情去幫助他們，這絕對與政治立場沒有任何關係，純粹出於我對人的同理心和熱誠，並為實踐自己的信念而去行動」。

警員心理求助案例急增

一場又一場的反修例社會運動中，警方執法的角色往往並不討好，加上有很多針對警察的虛假訊息，令很多市民對警察的誤會加深，雙方矛盾越來越深，惡性循環。這也令警察面對的心理壓力增加。Wing 指出，2019 年全年共有278 人求助警察心理服務課，2018 年則為 217 人。單是自2019 年 6 月至 2020 年 3 月底，便有 151 宗個案與反修例社會運動有關，當中有 113 人是警務人員，其餘 38 人是警員家屬。

根據對輔導個案的觀察，警員在這段期間的主要壓力，多數來自警察身份被污名化，以及社會上出現仇警情緒，警察遭到針對。不少警員更因為自己的身份連累家人受到困擾而深感內疚，例如子女被朋輩杯葛或欺凌、伴侶家人被起底、遭網絡欺凌、攻擊和恐嚇等；還面對種種滋擾，如宿舍被攻擊，有些警員更要被迫搬屋、轉工或安排子女轉校。也有警員因與伴侶或子女政見不同，而產生嚴重分歧和爭拗，造成關係破裂。

另一邊廂，暴力示威者的各種襲警行為，如投擲汽油彈、鐵枝、硬物、利器等，令警員的生命受到威脅，無論執勤時或下班後，警員的身心長時間都需要處於戒備狀態。

立場比親情更重要？

　　Wing 指出，整體而言，「爸媽是警察，怎麼辦」這項議題難倒不少育有子女的警察家庭。其中一個典型的個案是一名 16 歲的香港少女欣宜（化名），她自小在警察宿舍長大，父母皆為警隊中高管理層，彼此關係非常親密，16 歲的她仍然會牽着父母的手逛街，可是，反修例事件讓作為警察子女的欣宜一下子覺得和父母站在了對立面。

　　欣宜見 Wing 時，一開始便強調自己是「黃」的，身邊朋友也是「黃」的，她積極參與遊行，並且對「黃」的文宣深信不疑。偶然有不相熟的「黃」朋友說她是「狗女」，欣宜也不會辯駁，反而覺得自己「抵死」，有時甚至心裏遷怒父母，越來越討厭警察。她雖然心知父母在警隊的工作崗位不涉足前線，仍慢慢對父母產生抗拒，雙方一直冷戰。

　　Wing 其後問欣宜：「感覺如何？」本來繃緊着臉的欣宜瞬間崩潰流淚：「很難過！我知道他們很疼愛我，他們是好好的父母，但他們是警察，令我好矛盾！我好想像以前一樣，一家人開開心心一起吃飯，但我覺得和他們的關係回不到過去了……」

　　同時間，其父母見 Wing 時也訴說一樣的心痛難過，她的爸爸說：「我在家絕少談工作，可是因為有網上恐嚇言論說要對付警察子女，我擔心女兒的安全，在家人羣組中發了

一條訊息提醒欣宜上、下課時要注意安全，她就立刻一言不發退出家人羣組了。」

爸爸説時一直紅着眼，顯得心酸又無奈，接着其媽媽也邊哭邊説：「雖然她沒有和我説過甚麼，但我偶然看到她房間裏有一個紙袋，裏面裝着黑色的衣服、口罩和保鮮紙，我很擔心，手一直在震，我怕她遇到危險……她有自己的立場和想法我不介意，但我怕她走向極端，不懂得保護自己……」他們三人都很想回到過去，但大家都覺得好像回不去了。這一個案就像是眾多類似個案的縮影寫照，是不少家庭在社會撕裂下正面對的矛盾。

Wing 形容，她在這大半年以來，所聽到的故事、所見到的畫面，實在令自己百般滋味在心頭，「真的不能回到從前嗎？立場比親情重要？」

適得其反的「回力鏢效應」

她認為，大家可先放下政見，從心理學角度去了解人的思維模式，就會發現大家並不如自己想像中那樣客觀理性。人的判斷和取態，往往會受身處的環境影響（power of the situation），父母和子女因身處不同羣體，接觸到不同的聲音、不同的資訊，所以在看待同一件事物時，理解和判斷可以大不相同。正因如此，大家更需要對自己身處的環境多一

份覺察，明白自己的理解不一定是絕對的，亦可對別人多一份諒解，明白對方的立場和判斷也可能受自身環境影響。

她又引述心理學家的觀點：當人越是堅持要說服對方接納自己的論點，反而會適得其反，出現所謂「回力鏢效應」（boomerang effect）。因此，當與家人持有不同意見時，不用堅持即時要說服對方。學習先放下自己，認知所有人都有局限和弱點，抱持尊重的態度，如實傾聽自己和對方的感受與想法，這可能是回到從前的第一步。

除了幫助緩解警察家庭內部出現的撕裂，Wing 亦要為前線的警員提供適切的心理評估、情緒輔導、精神健康教育和心理諮詢等服務。然而礙於一般人對精神病、情緒病和心理問題的偏見、刻板印象和歧視，心理學家的角色一向較為「被動」，主要接見向他們主動求助，或被轉介來接受服務的個別警隊人員。

Stand by You

反修例示威發生期間，Wing 感到前所未有的無奈和無助，因此，她毅然決定尋求改變，在得到上級的同意和支持後，便一反「被動」的傳統，衝出診室，主動尋找和接觸有需要的警員。「與其等人來求助，何不主動去接觸和尋找這些人？」於是，她和一些警察臨牀心理學家及數名義工，

警隊心理服務課休息站的海報

在前線警察駐守的地方設立了一個名為「Stand by You」的休息站，提供一個既安全又舒適的空間，讓前線候命中的警員可放鬆心情、暢所欲言，甚至投入一些減壓的小活動，舒緩情緒壓力，「叉電」後再上路。

　　Wing 憶述，在這數個月以來，「Stand by You」休息站帶給她不少如烙印般的回憶。她在休息站工作，其中聽得最多的一句話是：「我們現在只剩下自己人了。」她慨歎，在反修例事件中，極端不同的政見令警務人員與他們的家人、朋友等關係撕裂。警察被排擠、歧視，甚至邊緣化；連

支持他們的人，也遭到同樣的對待。她指出，社會心理學稱這現象為「內外羣體偏差」，但人始終是羣體動物，除「自己人」的支持外，也有各方面的社交需要，警察也需要感受被接納、尊重、肯定和認同，才有動力為香港撐下去。

還有一名防暴警員曾在休息站跟她傾訴說，2019年7月1日在立法會外執勤的一刻，他一生都不會忘記，因為那是他從警以來，第一次感覺到與死亡那麼近。另有一次，他們的小隊背着沉重的裝備，一直站崗長達15至16個小時，是前所未有地疲累，正當他們滿以為可以下班休息的時候，卻收到消息指接更的小隊無法前來支援，那崩潰的感覺令他一生難忘，結果那一更一做便是30多個小時。

Wing表示，當時選擇透過細心聆聽，去承載警員的壓力，「警察真的絕對不是超人，沒有銅皮鐵骨，我敬佩警察這一份職業，十分感謝這一班盡忠職守、謹守崗位的同事。」

除此之外，該部門在2019年年中至2020年年中，亦為警員提供不同形式的心理支援服務，包括每天都會到前線警員候勤的地方進行探訪，以掌握前線脈搏，策劃合適的跟進服務；主動致電予900多名被起底的同事以及近600名因工受傷的同事了解情況，向他們提供支援等。Wing坦言，她深深地感受到，警察也是人，不論多高級、有多少下屬、有多堅強的外表，也有柔情的一面。她希望大眾市民也能夠諒解，

警察也有心靈的需要，他們也值得過一個豐盛和有意義的生命。但願大眾能放下自己、除去偏見，坦誠地去深度聆聽和互相尊重，相信「以愛還愛，我們所愛的香港才有希望」。

只是自衞而已

高級警員
加入警隊 26 年

▽

警員代號
阿葉

「很無奈，經常擔心宿舍和家人受滋擾，長期處於驚恐狀態，眼見有暴徒闖入宿舍推撞居民，令居民受傷，我幫忙報警，但守衞家園也變成被針對和滋擾的對象，我自問沒有做錯事……」住在一個紀律部隊宿舍的警員阿葉慨歎道。反修例事件持續發生，不但前線防暴警員受衝擊，多個紀律部隊宿舍及已婚警察宿舍也成為示威者攻擊和滋擾的對象。

自 2019 年 8 月初，有示威人士開始圍堵多個紀律部隊

宿舍及已婚警察宿舍。其中，黃大仙紀律部隊宿舍是自 8 月起首個頻繁被示威人士大規模圍堵的宿舍，受到嚴重的襲擊和破壞；其後，其他宿舍也陸續受到襲擊。至 10 月 5 日凌晨，上水已婚警察宿舍被圍堵，被投擲 6 枚汽油炸彈、兩枚油漆彈、兩枚鏹水彈和大量硬物。這些行為對警員、其他紀律部隊人員及其居住在各個宿舍的親屬構成嚴重的威脅，更令他們人心惶惶，形成心理困擾。

警宿居民自發守望相助

其中，高級警員阿葉加入警隊 26 年，與太太、18 歲的兒子及 10 歲的女兒，一家四口同住於一個紀律部隊宿舍已 14 年。阿葉先後任職機動部隊、巡邏隊、刑事偵緝隊，並在禮賓府站崗，還在商業罪案調查科任證物室職員。

未有參與前線工作的阿葉，於 2019 年 7 月初在互聯網上看到網民的文宣，聲稱他們將會前往警察宿舍設連儂牆，又聲言會以縱火、倒糞便等方式，攻擊、傷害警員的親人。至 7 月 10 日，近 200 名示威者意圖衝上阿葉所住的紀律部隊宿舍，幸好機動部隊趕到，示威者最後改為到附近的地鐵站 A 出口一帶聚集。兩日之後，再有人在互聯網發表文宣，聲言會重返該警察宿舍報復。

因擔心示威者隨時重返警察宿舍報復，居民即時自發開

設羣組，包括居民 A 羣組、居民 B 羣組和居民 C 羣組，發揮守望相助的精神，「如任何居民發現警察宿舍內外發生甚麼事，大家可即時在羣組通報」。

阿葉說，懷疑有可疑人士曾偷偷闖進該紀律部隊宿舍內滋擾居民，「試過有人無故拍門便離開，亦試過有陌生人在宿舍走廊徘徊，四周張望」。此外，個別示威者經常在宿舍對出的馬路叫囂，以惡毒字句謾罵警察，亦有示威者站在宿舍的進出口「站崗」，拍下出入者的照片。他坦言，「那段時間，我們居住在警察宿舍的警員和家屬們，真的精神崩潰了，我們的伴侶和小朋友出入十分害怕，惟有儘量減少外出，躲在家中，即使要出入，也要戴口罩和眼鏡遮擋面容，每次外出回家前都會先了解有沒有示威者在附近」。當他外出上班時，每次聽到家人告知有關示威者的舉動，「個心都離一離」。至 8 月更有人因闖入警察宿舍而被控遊蕩罪。

連串滋擾事件令居於警察宿舍內的居民終日提心吊膽，惶恐度日，「基本上，人人都可經該紀律部隊宿舍停車場位置，跟隨居民乘升降機上樓」。因此，由 2019 年 8 月起，一眾警員再自發安排 24 小時全天候輪流「自行巡邏」，保衛自己的家園。若巡邏者發現有事發生，會立即通知值勤警察處理。

警察宿舍的窗戶遭砸毀

自衞家園反遭起底決裂

　　2019 年 10 月 1 日，一名警察宿舍的居民在回家途中，發現疑似示威者的人士在宿舍平台大聲叫囂，便好言相勸，讓他不要再在宿舍範圍嘈吵，惟遭對方動手推撞。被推撞的居民家人得悉後，遂即致電阿葉求助；同時，另一名準備上班的警員經過見狀，亦立即上前制止。阿葉抵達事發現場時，見到有居民受傷，便介入事件，並詢問在場的圍觀者有否報警。此時，圍觀者越來越多，但卻沒有人回應他，他惟有自行報警，之後值勤的警察到場拘捕了涉事者。

這件事看起來已經平息，詎料，部分圍觀者原來已舉起手機，對着阿葉瘋狂拍照及錄影。阿葉回應道：「這裏屬私人地方，你們來做甚麼？這裏不歡迎你們，你們走吧。」拍攝者未有理會，更立即將所拍攝的片段上載至互聯網。短短10 分鐘，阿葉隨即收到滋擾來電，電話中人無厘頭地跟他說：「仔，搵到你了，你鍾意傾偈，我晚晚致電你。」同一晚，他收到多達 300 個滋擾電話，兩日之後，收到借貸公司電話、銀行電話、出租汽車公司電話等。他惟有將手機調校至靜音，但不敢關掉手機，「我父母年紀大，爸爸肺積水，所以我不能關掉手機，晚上開始經常失眠」。

　　這一件事發生後，他痛失了近七成好朋友，包括小學同學、中學同學及一眾街坊等。其中，與阿葉感情要好的一名小學同學，與他認識長達 40 年，但一夜之後，他被那小學同學痛罵，最後絕交了。「自從我被起底後，40 年的情誼從此破裂了；原本情同兄弟的朋友，不再理睬我，我的心很痛」。阿葉説時一度哽咽，非常傷心。

　　阿葉在紀律部隊宿舍居住了長達 14 年，閒時喜歡打籃球，每星期總有兩天會逗留在附近的籃球場，亦因而認識了一班相熟的街坊。萬料不及，一場修例風波，籃球場的「波友們」全都消失了，他與街坊的關係決裂。一次他更無緣無故在籃球場被街坊以惡毒言論指罵，連帶其家人也被咒罵

了，「我好嬲，點解要鬧我同我家人」。至 11 月，有人在網上社交平台「吹雞」，聲言要到籃球場找他「打籃球」，結果確實有數人突然出現在籃球場，在他身旁猛烈地用球撞擊牆壁，似是要恐嚇他。

「自問沒有做錯事」

事實上，警方於 10 月 14 日透過律政司，已經為紀律部隊宿舍及已婚警察宿舍入稟高等法院申請禁制令，冀法庭下令禁制任何人非法地和有意圖地阻礙、佔據或停留在，或妨礙或阻止往返通過包圍紀律部隊宿舍及已婚警察宿舍的公路；禁止破壞、侵入宿舍，或對宿舍的使用及享用造成干擾，以及禁止煽動、協助或教唆他人從事上述行為，並隨即獲高院批出臨時禁制令（HCA 1886 / 2019）。

不過，臨時禁制令似乎難以阻止示威者對宿舍作出的滋擾行為。阿葉直言，2019 年 10 月至 2020 年 1 月期間，幾乎每星期都有一至兩名可疑人士闖進其居住的紀律部隊宿舍範圍，「真係好困擾」。至於宿舍外圍，亦間中有黑衣人堵路及截停車輛，以查探駕駛者的身份。

生活大受影響的不只是阿葉，還有他的家人，尤其是幼女。無辜的幼女在學校被同學恥笑，他們指其父親是警察，所以不與她一同玩耍。「很無奈，心情百感交集，經常擔心

子女受騷擾，宿舍受滋擾，更需飽受街坊壓力。每日花太多精神處理這些問題，長期處於驚恐狀態，很久未試過安睡」。

阿葉慨歎，自從反修例示威發生後，「警察這份工作，無論做甚麼崗位都會受盡鄙視和指罵，為生活帶來很多不便和尷尬」。不過，他從來沒有怨自己，亦沒有怨他人，「自問沒有做錯事，最重要是知道社會要守秩序，不要做壞事」。他坦言，單憑他一己之力，相信無法扭轉朋友對他或對整個警隊的想法，只希望大眾可以理性、平和一些，達至社會和解、共融。

辱警與種族歧視

南亞裔督察
加入警隊 3.5 年

▽

警員代號
旺仔

「我自問無做錯事，純粹因為警察這份職業，自 2019 年 9 月至 2020 年 4 月，竟先後三次遭網上起底，單是我自己已收到超過 100 個電話滋擾，一家人半年來飽受恐嚇，終日惶惶不安，活在恐懼之中，媽媽經常失眠落淚……」

在香港土生土長的南亞裔督察旺仔，在反修例示威開始後，被調任到西九龍區指揮控制中心負責後勤工作及防守警署。2019 年 9 月，他的個人私隱資料，包括中英文姓名全

名、身份證號碼及手機號碼突然被公開，他的家人也旋即被「大起底」，這一切給他的生活帶來重大變化，噩夢亦開始降臨。

逾 3300 警員遭起底

根據警方資料顯示，自 2019 年 6 月至 2020 年 3 月，警方透過調查及內部報告，發現超過 3300 名警務人員及其親友被起底，所涉資料包括警務人員子女就讀學校、班級等，被起底的警務人員受到不同程度的滋擾、恐嚇，包括電話滋擾、冒名借貸、網購、到警務人員家屬工作地點騷擾等，亦有警務人員或其家人收到信件，內容表示會以殘暴方法傷害當事人。

網絡安全及科技罪案調查科於 2019 年 7 月 2 日至 2020 年 3 月，共拘捕 40 男 9 女，年齡介乎 16 歲至 60 歲，涉嫌「有犯罪或不誠實意圖而取用電腦」、「披露未經資料使用者同意而取得的個人資料」、「刑事恐嚇」、「威脅會摧毀或損壞財產」等。

先後遭三次網上起底的南亞裔督察旺仔，在香港出生，大學畢業後曾在一間公營機構任職四年，再投身警隊。至 2020 年，他加入警隊近三年半，先後當過軍裝警，又任職刑事偵緝科，以及負責防黃賭毒工作等。原本這份工作獲得

社會普遍認同，亦深得家人和朋友支持，但一場修例風波令外界對警察的觀感大變，這導致的被起底事件令他不斷受到電話滋擾，其私家車出入警署亦被拍攝車牌號碼，他更曾在住址信箱收到帶有侮辱和恐嚇的信件。為讓家人免受恐嚇和滋擾，他無奈地需要搬屋、更改車牌。

添油加醋的「額外起底」

旺仔憶述被起底一事的始末時，仍猶有餘悸。他說，第一次被起底發生於 2019 年 9 月，當時有一批警員的個人資料遭外洩，包括中英文姓名全名、身份證號碼及手機號碼。

同日晚上，他的住址、手機號碼、車牌號碼、出生日期等個人資料，全被「額外起底」公開，連帶一些他在警察學院畢業時的照片，當中包括一張他與行政長官林鄭月娥握手的合照，以及一段相關影片。此外，他以往曾接受報章訪問的報道和照片，也通通被轉載至一個即時通訊軟件，再被瘋傳。而是次被起底的不僅是他本人，還有他的太太和父母的個人資料，當中包括他太太的姓名、工作地點、崗位及職位，以及他父母的個人資料，包括國籍等，也全部被公開至互聯網瘋傳。

被「額外起底」的「補充資料」當中，不乏虛假陳述，如誣捏他在未加入警隊前，曾在公營機構因工作出錯而被降

職。他直言，最諷刺的是這項「補充資料」是該公營機構的前上司傳給他看的，大家看罷「得啖笑」，前上司還打趣跟他說「你都未升過職就已經辭職，何來降職呢？哈哈」。

一夜之間風雲色變，大量被起底的資料公開，旺仔當晚就收到約 50 個電話滋擾。他當時已即時聯絡電訊商，要求加強保安設定，一律阻截沒有來電顯示的電話，但他仍收到大量使用俗稱「太空咭」的來電滋擾，甚至有顯示從非洲或其他國家致電的號碼。「這些電話多出現在半夜凌晨時分，部分電話在接通後一直毫不作聲亦不掛線，部分則來謾罵警方」。另外，當西九龍發生反修例暴力事件時，旺仔又會間中接到相關手機來電，對方着他夠膽色便外出與他們打鬥。基於工作需要，他總不能關掉手機，所以每次接到這類來電，惟有無奈掛線。

被逼搬屋換車牌

每日駕車上班的旺仔，在該段時期駕車進出警署時，都被站在警署門外的示威者拍照，但因其私家車的車牌及住址均已遭起底公開，故他每次駕車進出均提心吊膽，車輛外出後，又恐怕中途會被示威者截停「查車」加以破壞。「我有時放假會車家人外出，真的十分擔心示威者會滋擾我部車」，因此，他決心於一星期內更換車牌。有一日，他更在

住址信箱收到恐嚇信，信件上沒有貼郵票，他估計是附近居民所為。

旺仔坦言，示威者已將其家人的個人資料公開，他非常擔心家人的安危，「我自己當警察，已準備好面對危險，但我和太太同住，父母也住在同一幢大廈，我擔心家人無辜受滋擾……我媽媽情緒波動好大，她認為這個家原本很安寧，很平安，沒有想過純粹因為我的職業是警察，便會被恐嚇，她經常感到不安和恐懼，更時常失眠」。他及後已與太太搬離原址，搬到另一區居住，以策安全，「始終這些個人資料，永遠都會在網上流傳，不能刪除」。

接着，他分別再於 2019 年 12 月及 2020 年 4 月，被第二次及第三次起底。有網民於第二次起底時，詳細列出如何前往他居住的地方；第三次起底則是公開他父母、胞妹、太太及部分中學同學的生活照片，還公開其私家車的照片並註明型號和出產年份。

旺仔一家所承受的壓力實在太大，因此，他經歷了兩次被起底後，曾有想過辭職，但他熱愛督察這份工作，不想輕言放棄，故最終選擇留在警隊。

欺凌警員直似種族歧視

由於旺仔是南亞裔督察，故他間中會獲安排到非華語學

校舉辦防罪講座。由他入職起計算,先後已負責了超過十場相關講座,最近一次是在 2019 年 11 月,當時正值嚴重暴力示威頻繁發生。他發現約有七成非華語學生,在反修例事件中比較中立,亦有在場的非華語學生向他詢問社會發生甚麼事情。此外,旺仔平日閒時有當「寶石計劃」義工,為非華裔少年警訊會員舉辦活動,協助他們融入社會。

他分析指,非華裔人士在本港生活,平日或多或少會遭受白眼,種族歧視、欺凌事件屢有發生,但這或令他們的抵受能力提升,「以往一向都有種族歧視,他們已經習慣被標籤化與欺凌,所以對於警察被欺凌這件事,也沒有太大反應」。現今作為警察,即使是作為後勤工作者,沒有與示威者正面衝突,也經常無緣無故被起底、滋擾和咒罵,就像是社會上被標籤和欺凌的一羣人。他訴說,「當有些人要去給別人貼標籤時,就會講一些最難聽,最刺耳的話……網上起底的行為就等同於網上欺凌,在電腦鍵盤上按幾下,打些文字,付出的代價很少,但這給受害的當事人很深的傷害,這種傷痛永遠都無法消除,不會因為聽一百次習慣了便沒事」。

旺仔理解社會上的示威者希望爭取民主,但他認為每個人都可以帶有不同的政見,社會上亦永遠存在不同的聲音,質疑「如果他們不能接納另一方的聲音,何來民主可言呢?」他

希望有份參與網上起底的人士,在攻擊他人前,可停一停,站
在對方角度想一想,並以同理心體會一下對方的感受。

「我尊重你，
為何你不尊重我？」

香港大學本科四年級學生（22 歲）
警察兒子

▽

阿強

22 歲的阿強是一名高級警員的兒子，他就讀中三時已立志大學畢業後投考警察。2014 年「佔中」期間，因為他是警察兒子的身份，以及不支持「佔中」的立場，經常因政見不同而飽受老師及同學們的針對和嘲諷，通識科成績及操行均被下調。

原本「佔中」一事仍無阻他當警察的決心，反而令他更希望當警察維持社會秩序，但反修例示威讓他看到暴徒殘暴

和冷血的一面，包括縱火、私了、攻擊、侮辱警察等，毫無法治可言，令他竟然一時間感到心淡，傾向於大學畢業後，暫時離港到外地生活，以增長見聞、磨礪思想。不過，仍熱愛香港的他，相信不久的將來，香港社會可重歸法治，屆時他一定會返回香港，成為一個維護法紀、稱職的好警察，並期望這一天早日來臨，「始終我在香港出生，我最喜歡留在香港生活」。

客觀看「佔中」遭朋輩排擠

　　阿強初中時代成績優異，中四被編入精英班，但中五甫開學之際，正值 2014 年「佔中」事件爆發，不少同學都知道阿強的父親是一名警察，又反對「佔中」，便會刻意找他「聊天」或加以諷刺，過程中會不斷說服阿強支持「佔中」，純粹是想把自己的想法強加到他身上，阿強當時有感話不投機半句多，便中止對話了。

　　阿強坦言，自己與爸爸的關係不算是特別親密，而自己支持警察執法的立場亦並非單是源於爸爸，而是他一直堅信守法十分重要，更無法接受「全是警察不好，示威者霸佔街道一點也沒錯」這一面倒的觀點。同時，他也會聽聽支持「佔中」的人士的一些觀點，也不認為對方是完全錯的，「我尊重你的立場，但你可不可以也尊重我的立場呢？」他

認為，社會上不可能每個人的想法都一樣，重點是大家如何帶着不同的觀點和想法去溝通。自「佔中」事件發生後，阿強身邊的朋友數量也隨即大減一半，只剩下約五人。

除了朋輩為他帶來政治壓力外，更令他意料不到的是校內不少老師也向學生灌輸主觀理念。阿強說，有老師經常在課堂上向學生灌輸「政府不好，警察不好」的思想，但阿強卻質疑老師為何只單方面說警察不好，而沒有提及示威者霸佔道路，亦不對這一問題進行分析——若沒有示威者霸佔道路，相信警察也不會執法。

此後，越來越多老師在課堂上直接向學生表達自己對「佔中」的立場，更常常對同學們說「警察胡亂噴胡椒噴霧，胡亂放催淚彈。那些霸佔道路的示威者沒有選擇，是政府逼他們出來的，是公民抗命……」

阿強憶述，當時部分沒有留意政治新聞的同學，似是直接相信老師的講法就是真理和權威，這令阿強擔心同學或會被誤導。有一天，阿強忍無可忍，認為老師的說法太偏頗，似是透過教學來表達自己的政治立場，他便在課堂上出言反駁老師的觀點，「我反駁老師的個人政治立場，又會反問老師有沒有認清整件事情」，此後便很容易因政治問題與老師及同學們發生衝突。

老師立場先行徇私判低分

緊接下來，老師們便開始對阿強進行「反擊」，包括在下課後跟他進行所謂的「傾談」，但內容繼續是一面倒灌輸支持「佔中」的理念，更不願聆聽阿強心中所想，結果每每都是不歡而散，「我不會要求老師改變立場，但為何老師要求我改變立場？」

阿強中四時的操行一向是 A 或 B，但中五的操行下降至 C；當時他的通識科老師經常在校內考試或評核中給他不合格的成績，但他應考香港文憑試通識科時，卻考獲 5 級佳績。阿強說，「當時我仍是一名中學生，也不知道怎樣反抗，只是覺得很不公平」。他續說，通識科也涵蓋政治話題，例如現代中國，原本考試的評分準則不涉及學生立場，不論寫中國內地正面的反腐反貪，還是寫中國內地負面的豆腐渣工程都可以，最重要的是學生怎樣去分析事件，沒有對錯之分。但他有感其老師的評分標準，是受自身的政治立場影響，「如果老師評分標準是公平的，為甚麼自從『佔中』事件發生後，我在學校的成績一直那麼低分，到公開試卻突然變得高分？」

面對老師和周邊同學的冷嘲熱諷，阿強的思想和看法未有因此而受到動搖，但開始感到校園生活不愉快，「自『佔中』事件後，整個校園都變質了，我不想返學，不想讀書，

很不開心，覺得很煩惱」。直至香港文憑試開考前近三個月的溫書假期展開，他靜待在家思考，認清成績下降理應不是自己的問題，並相信自己一直的想法是正確的，於是便發奮圖強，利用這三個月假期作最後衝刺，努力讀書自修，結果在中學文憑試中，考獲最佳 5 科 28 分成績，成功進入香港大學。

默不作聲仍被攻擊

考進大學後，隨着「佔中」事件降溫，阿強與同學相處變得融洽。即使與他相熟的同學知道他的爸爸是警察，又知道他畢業後計劃投考警隊，也沒人特別在意，甚至會支持他的理想。這樣的狀態維持了三年，直至 2019 年 6 月，他的校園生活再一次起了負面變化。

阿強說，大學時代的他與中學時代很不同，他不會再主動表達自己的觀點和立場，亦不再反駁他人，主要是不希望與人發生衝突和爭執。不過，他發現反修例事件的支持者比以往的「佔中」支持者，表現得更加激進，「以前，我說出自己的立場才會被針對。但這次，即使我默不作聲，只要有人懷疑我的立場是反對暴力反修例的，便會主動來攻擊我」。

暴力示威發生期間，有人在通訊羣組相約同學飯聚，期

間有人刻意挑釁阿強，不點名提醒大家要小心有警察出現或會對大家不利。阿強說，「這言論明顯是針對我的，就是影射我爸爸是警察」，他對此大感無奈，亦不想與大家爭吵。

原本他就讀大學三年級時居於大學宿舍，大學亦安排了宿位讓他四年級時繼續居住，但他於7月毅然退宿了，「大學最後一個學年，我想盡量避免再與同學發生衝突」。他認為大家因價值觀不同而做不到朋友，便慢慢疏遠，各自分道揚鑣，但「即使政見不同，如果可以互相尊重，理性討論，是可以繼續做朋友的；但如果不懂尊重別人的意見，我會選擇放棄這類朋友」。他慶幸自己身邊，還有三個相熟而又擁有相同價值觀的好朋友。

至於入學老師方面，阿強指，大學導師在課堂上一般都不會提及反修例事件，但有個別老師會藉機向學生說「加油」，又聲稱支持大家繼續爭取民主自由，這就流露了導師的政治立場了。

旁觀暴力的人也很恐怖

阿強中三時的志願是當警察。他不諱言，父親自小對他的管教非常嚴厲，教導他要為自己建立規範，做人做事都要齊整及有禮貌，絕不能馬虎了事，亦令他明白守法的重要性。除了受父親的教育理念影響而希望當警察外，「佔中」

事件亦對他觸動尤深，進一步催化他投考警察以協助執法的決心，希望可盡力維持香港的良好治安和秩序，保護市民安全，令大眾明白守法的重要性。

不過，眼見去年至今的多場暴力事件，阿強當警察的決心被動搖了少許，「我並不是因為外界對警察的評價負面，或者擔心當警察會沒朋友而不想當警察。只是我認為在反修例中，太多示威者的行為太暴力」。

他補充道，當香港警察是希望保護香港市民，捍衛社會繁榮穩定，讓香港未來變得更好；但偏偏在暴力示威一事上，他看到的是很多港人偏激和冷血的一面，「到底火燒阿叔，把人打出血是一件好事嗎？為何還有人在旁邊叫好？」他認為這些人太殘忍、太暴戾了，惟在旁的「觀眾」不但未有加以制止，還認為「暴力是對的，警察是不需要的」。還有，以往大家會認為投擲磚頭和汽油彈是很恐怖的事，但現在好像是習以為常了。「我覺得恐怖的不單止是這些暴力違法的人，還有眼望着他們行使暴力的人，而這些人，在香港佔了不少比例」。他慨歎香港人之間可供討論的空間，變得越來越狹窄，參與反修例運動的示威者，往往要把人罵得體無完膚，而不是期望透過討論以獲得更多資訊或思考角度，他自問沒有能力去改變他們這種危險的價值觀。

阿強的父親於 2019 年 8 月退休，但退休後仍舊非常關

注修例事件，經常與阿強的母親坐在電視機前收看直播，更經常被氣得面紅耳赤，既不齒暴徒的暴力行為，也擔心警察的安危。而阿強的媽媽，在暴力示威持續發生至中段時，反而游說阿強投考警察，協助警隊執法，拘捕違法者，維持社會良好治安。不過，阿強則打算趁大學畢業初期，先到外國體驗生活和工作。阿強的父親也認同和理解阿強的想法，認為可趁大學畢業，到外地增長見識。

阿強暫時計劃先到澳洲工作一年，如果屆時反修例一事平息，香港重回正軌，他一定會回香港生活和工作，「如果有一天，香港大多數市民覺得違法行為是不齒的，並會上前制止，而不是在旁邊拍手和拍照，我會很想回港當一名好警察」，協助維持香港治安。他盼望這一天早點到來。

就這樣被 unfriend

警民關係組學校聯絡主任
加入警隊 15 年

▽

警員代號
阿業

「我只希望學生明白一個簡單的道理，就是他們要為自己的行為負責，千萬不要被人煽動去做一些違法的行為，因為一旦犯法，很難再回頭了。」

警民關係組學校聯絡主任是警隊與校長、老師、學生、家長之間的溝通橋樑，以往與學生關係密切，但眼見示威活動中，部分學生涉違法被捕，仇警態度亦逐漸萌生，雙方關係一瞬間破裂，學校聯絡主任阿業坦言，對此感到可惜。然

而，他堅信不正確的思想和行為是不會持久下去的，因此，他計劃以軟手法入手學生工作，繼而呼籲學生不要輕易被人煽動犯法，並希望大家放下政治偏見，重新打開溝通大門，努力修補彼此的關係。

修例前與學生打成一片

阿業 2019 年起調任學校聯絡主任（中學），日常工作主要是聯絡學校，以及就學生品德行為等問題，向學校提供意見，商討合適的處理方法。他舉例說，如學校發現學生有偏差行為，包括學生書包內藏有香煙、經常無故缺課、校內有學生被滋擾等，一般而言，學校聯絡主任會先向學校了解情況。如有需要，在得到校方及家長同意下，學校聯絡主任會安排與相關學生、家長、校方代表及社工等一同會面，並從中滲入輔導工作，向學生傳達正確的價值觀。若發現情況嚴重，或涉及刑事罪案等，學校聯絡主任便會將事件轉交相關部門跟進，警方會介入調查。

為加深警隊和學生之間的相互了解，警方會透過少年警訊舉辦多項活動及暑期班讓學生參加，如參觀警察遊樂會、球類活動、參觀警署等。同時，學校聯絡主任亦會不定期到中學及小學舉辦「防止罪行講座」，包括向初中生講解交通安全、欺凌及毒品等罪行的相關問題；又向高中生講解求職

陷阱、網上罪行、裸聊、性罪行、援交等議題，當中部分議題會安排專責部門同事擔任主講者。此外，學校聯絡主任亦會為校長及老師舉辦講座，介紹年輕人最熱門的網上遊戲及社交平台，以及可能引發的罪案。為與學校及學生建立更良好的關係，阿業除了舉辦到校講座外，亦會花上很多時間到校探訪傾談，送紀念品給學生，又與學生打成一片，甚至會在一些活動結束後，再與年輕人聚餐聊天。

自 2019 年 6 月後，不少學校面臨重大挑戰，單是他負責的一區便接獲十多宗求助個案。初期仍是考試期間，個別學校致電反映有家長查詢警察是否有權搜查學生書包，其後有學校稱校內校外均設有連儂牆，或有學生參與人鏈活動對修例表達不滿。

至 7 月，以往每年暑假都會舉辦的大型講座嘉年華活動，包括魔術表演、警犬花式表演、暑期工陷阱講座、防罪講座等，在 2019 年這一年也無奈被迫取消，「當我們籌備活動時，部分學校向家長發通告詢問參與意願，惟大部分家長擔心安全問題，而回覆不參加」。此外，一切原定舉行的各項暑期班及宿營活動，也因為學校和家長擔心安全問題，而無奈取消了。

追求「理想」就要承擔後果

至 9 月開學後，有學校反映，部分學生在返學前築成人鏈圍着學校，途人亦會參與，有時學生會向持相反意見者作出挑釁；亦有學校不懂如何處理連儂牆上的標貼，生怕會引發危險。阿業表示，他收到這類學校求助電話後，大多都會到校了解及跟進，若有人涉毆打、刑事毀壞等罪行，警方便會循既定的程序，作出跟進行動。至開學兩個月後，他收到個別中學來電，指有學生被拘捕，希望學校聯絡主任可協助安排校方代表與被捕學生會面，他亦盡力進行聯絡工作。

面對嚴峻的全球新冠肺炎疫情，香港政府 2020 年 1 月底宣佈，延長全港學校農曆新年假期，及後再宣佈繼續停課，以策安全。他坦言，由 2019 年 9 月開學至 2020 年 5 月期間，先後因示威及疫情停課問題，他一直未有如常到中學舉辦防止罪行講座；而可以做的，就只有改以電話、電郵或通訊平台，與學校校長、負責老師保持溝通聯絡，大家亦減少了面對面溝通的機會。在這段期間，當學校發生不幸事件如爆竊、偷竊案時，仍然會主動聯絡他尋求警方協助，而他亦會到校了解及調查。不少學校管理層跟他説，不希望與警民關係組學校聯絡主任斷絕關係，只是待修例風波冷卻一點，才會復辦有關活動。

而最令阿業心痛和傷心的是，反修例事件將他與學生之間長時間辛苦建立的關係，在短短一個月內一掃而空，「即使以往我花了很多時間和心思，透過探訪、活動和傾談，與學校及學生建立良好的關係，但再好的關係，都可在短短一個月內盡毀，甚至在社交平台被絕交，我感到十分可惜。以往我認識一些成績很好的學生，非常稔熟，但自從反修例示威發生後，眼見他們積極參與，不但影響學業成績，更與我斷絕聯繫，實在很可惜」。

　　阿業坦言，他不反對學生參與遊行活動，但卻反對他們參與罷課、帶頭搗亂或做一些違法的行為。他得悉部分學生帶頭罷課或參與罷課，同時要求學校不可以追究、不計作缺課，若碰巧罷課與考試撞期，又要求學校為罷課學生安排重考，這一切更令他質疑有關學生的價值觀出現問題，「學生也應該想一想，自己要不要為追求理想承擔責任和後果？任何人都要為自己的行為負責任」。他慨歎，自從「佔中」事件發生後，年輕一代的守法意識越來越薄弱，他擔心一旦社會沒有守法意識，市民有法不依，只靠警察執法，即使警察再努力執法，整個社會也會崩潰。

警察只是履行執法責任

　　阿業直言，當疫情結束，全港學校復課後，他估計學校

聯絡主任暫時也未能像以往般,可立即定期進入學校舉行防罪講座。他計劃,先透過網上平台,向各學校及學生提供軟性一點的資訊內容,包括交通安全、做運動等,儘量減低接收者的抗拒感,之後再加插一些防罪短片、動畫、簡報等,稍後再考慮逐步滲入一些與非法集結、暴動罪相關的教學內容。阿業慨歎,「希望可以化解學生們在反修例運動中被誤導而產生的仇恨警察的感覺,希望學生們可以儘快看清真相,明白警察一直都只是履行執法的責任」。

現時,作為學校聯絡主任,最重要是要想辦法重新踏入校園大門,與學生們修補和重建良好關係;至於傳達資訊,則是下一步,「給予資訊不是單向式的,學生必須同時願意接收。我認為現在不是與學生談法律的時候,反而,我最希望學生明白一個簡單的道理,就是他們要為自己的行為負責,千萬不要被人煽動去做一些違法的行為,因為一旦犯法,很難再回頭了。而我並不是法官,根本沒有能力給予他們機會」。

雖然阿業日後需重新花大量時間和心機,與一眾學校、老師及學生修補和重建關係,但他不會氣餒,會積極面對,「我是警察,支持執法。我相信不正確的思想和行為,不會持久下去的。始終絕大部分香港人接受過教育,總不會認同縱火、傷人是正確的行為」。面對社會撕裂,他首先會放下

政治顏色的立場，同時亦希望大家放下各執己見的態度，重新溝通。

第六章

警民同心

當仇警情緒蔓延，辱警隨處可見，突然之間，似乎所有人都站到了警察的對立面。

但在這喧囂的仇恨背後，其實尚有一大班默默支持警察的市民。他們深知警察執法是職責使然，更明白香港的安定不是理所當然，警隊的貢獻他們看在眼裏，記在心裏。

一頓熱飯，一件乾淨的制服，一張手作咭片，滿載心意。

豈曰無衣？與子偕行。

送上一口熱飯

退休警司
服務警隊 30 年，已退休 7 年

▽

警員代號
阿太

「有前下屬從我手上接到飯餐非常感動，也有前學生抱着我哭訴慘被示威者追打⋯⋯我作為退休警司，也希望為每日打仗的現役前線警察服務，為他們遞送飯盒，給他們加油。即使再辛苦，也值得的。」

警方自 2019 年 6 月開始，招募退休警察做義務工作，在警察總部協助派飯餐予前線警員。其中，已退休七年的警司阿太便二話不説，即時參加。她坦言，看到不少前線警員

每日面對大批暴力示威者，身心俱疲，如打仗般辛勤工作，因此決意重返警察總部，藉着為前線警員們派飯餐的機會，為他們打氣，注入強心針。

助有志青年投考警隊

阿太在大學時修讀英文系，曾先後在小學及中學任教過。其後，她投考見習督察，便展開警察生涯。加入警隊工作 30 年，她大部分時間在東、西九龍及新界南總區轄下各分區負責前線行動指揮工作，也曾在旺角警區負責了好幾年的掃黃工作。阿太亦曾在警察學院（2016 年獲升格前為警察學堂）擔任訓練、招募及管理見習督察和學警的工作，至退休時，她是警隊某分區的指揮官。

退休已經七年的阿太，熱愛參與多項義務工作。起初，她參加了警察義工隊轄下的「愛心執髮隊」，自費跟理髮師傅學剪髮後，再親自擔當義務髮型師，到老人院或社區中心免費為有需要的基層人士及長者，提供剪髮服務。

阿太亦於一間非牟利專上學院任教「警隊實務」毅進文憑課程，又會幫一些有意投考警察並有潛質的學生義務補課。她不諱言，雖然這些學生都是香港文憑試的失敗者，但他們很認真、很努力地學習。阿太說：「只要激發起他們內心那團火，他們便願意付出，亦絕對會珍惜機會。」阿太希

望協助這些有志向的年青人，變成頂天立地的警察。「每年都有學生完成毅進課程後便去投考警察，我會覺得很開心，也很滿足」。學生們成功加入警隊並完成 27 週基礎訓練後，一般都會被派至分區的巡邏小隊工作，阿太笑言，自己都不時會私下向前警隊的同事查詢這些學生的工作表現。得悉他們做事稱職後，阿太便倍感欣慰。

退休警員齊上陣派飯

自 2019 年 6 月中旬開始，阿太便開始參與警隊派飯餐的義務工作。她說，派飯工作是輪班制，每日 24 小時主要分早上 8 時至晚上 8 時的早班，及由晚上 8 時至翌日早上 8 時的夜班。每一個輪班編制需要約 10 名義工。每日平均一共會派四餐，包括早餐、午餐、晚餐和宵夜，每一份飯餐由一個飯盒、一盒飲品和一個生果組成。飯餐主要是由數個供應商送到警察總部。阿太說，由於初期的早班比較少義工，故她從 6 月 19 日起，透過自己的人際網路，找來一些已退休的同事，職級由警員至前總警司，大家不分階級，一起參與早班派飯餐的義務工作。

義工團隊每餐都會派發接近 300 人的飯餐，對象包括衝鋒隊、機動部隊、防暴隊第一梯隊和第二梯隊及速龍小隊等。阿太指，防暴警員需要長時間在外工作，所以他們往往

飯餐運送至警隊

會派兩至三名人員以警車回總部取飯餐。

　　義工派飯的地點是在灣仔警察總部地下停車場附近的室外裝卸貨物區域，那裏夏天天氣炎熱，又多蚊子，環境不太理想，惟人事科統籌義工的現役警務同事，對義工們非常關顧，不斷改善義工們的工作環境。在這環境下，最令阿太鼓舞的是，除了一眾退休同事無分階級重返警察總部協助派飯餐外，有兩名已退休的警務處前副處長也常來做義工，他們完全沒有架子，「落手落腳」為前線同事服務。還有，警隊管理層亦特意到派飯地點，為一眾義工打氣加油。此外，也

有很多關心和支持警隊的熱心市民主動聯絡義工們，為警方送上湯水及小食。阿太驚歎，「沒想過有那麼多市民和退休警察會那麼熱心」。

心痛警員無啖好食

在灣仔警察總部做義工的這段時間裏，有一件事令阿太印象特別深刻。她憶述，有一名自己曾在毅進課程教過的學生警員前來取飯餐，一下車看到阿太正在派飯，便擁抱着她大哭一場，並跟她說，「Madam，我真的很害怕沒有命再見你了」，她當時聽罷忍着淚與該名學生擁抱，拍着他的膊頭作鼓勵。該名學生繼續跟阿太說兩天前他在工作期間曾被示威者追打，他實在不明白為何自己是 21 歲，而他所面對的暴徒是差不多同樣年紀，但兩者竟有那麼大差距，一個堂堂正正在執法，另一個卻是目無法紀。阿太鼓勵這位學生說，「所以你要更加努力，做好你自己的工作」。

阿太又舉例說，一次速龍小隊臨時收到指示要立即出動，該輛警車經過派餐區的時候，前來問義工們是否有飯盒可取，但因為當時只是下午 4 時多，供應商還未將晚餐飯盒送到，義工們惟有將手頭上的小吃如肉乾、餅乾等全數交予他們拿上警車出發。她續說，後來得悉那隊速龍小隊當日一直工作至凌晨零時才放工，無奈慨歎道，「那些零食就是他

警員在執勤時於馬路上匆匆進食

們的晚餐了，而且還要在途中吃，真的很辛苦」。心疼警員「無啖好食」亦是阿太願意繼續為同事們派飯餐的原因。

還有一次，阿太下午 4 時許路過北角，看到一輛衝鋒隊的警車停在街角，車上警員正捧着義工們派的飯盒在吃，她心知當時仍未到派發晚餐飯盒的時間，所以他們吃的只是午餐，估計他們拿了飯好幾個小時還未有時間進食，她內心感到很難過。她後來再自掏腰包買點西餅，打算慰勞警車上的警員，惟警長婉拒了市民禮物，並提醒阿太小心一點。因當時警民關係很差，警察擔心阿太與警員走得太近，而被周圍的人士盯上，「我當時真的感到很心傷」。

阿太表示，雖然當警察在工作期間未能準時吃飯屬意料之內，也是家常便飯，但她認為前線警察特別辛苦，因為他們不但需長時間與示威者對峙，還需面對很多暴力分子。他們對法律置若罔聞，表面上是年輕人或是學生，但實際上他們兇惡得很，甚至會向警員投擲攻擊性雜物或汽油彈，又會圍毆警察「私了」，令前線警務人員面對的壓力和危險程度與日俱增。她盼望警民之間可以修補關係，令香港可重返法治社會。

互信不再，噤若寒蟬

雖然派飯的工作有時也會令一眾退休警員感到吃力，但阿太卻認為這份義工很有意義，也十分有需要，故她會盡力做下去，「因為我們一眾退休警員的參與，一方面可減輕警方調配人手的壓力，另一方面我們亦可以市民和前輩的身份，去支持和鼓勵這些前線警員」。阿太指，曾試過碰巧派飯予前下屬警員，他們亦會因有前指揮官親自來派飯給自己，而感到開心和感動，這對於前線的警員來講是一支強心針。阿太表示，在派飯的同時，如果時間允許，她還會與前線警員傾談，傾聽他們的心聲，並加以支持和鼓勵。

不過，派飯工作亦不是一直順順利利，偶然亦會遇到挑戰。阿太憶述，一個星期日下午 2 時，她一如以往，正在當義工派飯。她突然收到通知指有示威者計劃衝擊警察總部，

人事科為保障義工安全，着他們立即撤退。阿太當時一走到街上，看到周圍全是黑衣人，地鐵站出入口正被縱火，火光熊熊，巴士服務全面停頓，現場情況相常恐怖，「感覺就像宵禁一樣，街上沒有車輛、沒有巴士，有看似是中學生模樣的年輕人正火燒地鐵站，還有人拿鐵支試圖敲爛封鎖地鐵的鎖鏈。我當時有點衝動，想勸這年輕人不要做這樣的事，但我終究不敢說。因為我知道一旦我說出這句話，我很可能便會成為一個受害者」。

阿太之後在海富中心外看到一輛的士載着兩名年輕黑衣女子到中心外下車，那的士司機看到阿太沒穿黑衣，主動跟她說：「太太，我車你離開這個區域吧。」阿太上了的士後，司機不斷向她謾罵那兩個黑衣女子，但她也不敢附和，也不敢說自己真實的住址，只告訴司機在其居所附近地點停車，再聯絡家人接她回家。

阿太慨歎，「就是因為這些示威者很暴戾，導致不少香港人沒有了自由，更加沒有言論自由」。她坦言，現在只有面對熟識的朋友才敢自由地講話，連在公眾場所也不敢講述自己的看法。她指，現時香港社會人與人之間失去信任，沒有了凝聚力，也不懂得互相幫助，真的很可悲。現時的警務人員，不但每日工作面對沉重的壓力，還要面對來自四方八面的挑釁和無理的攻擊，「我們身為退休警察，感謝前線

警察為我們盡責，我們會凝聚力量，盡力為前線警察遞送飯餐，在他們身邊為他們打氣」。

濺血的制服

大興警察行動基地洗衣房負責人
從事警署洗衣房工作 32 年

▽

鄺太

從 2019 年 6 月開始，連續九個月從沒有放過一天假，每日不停手為警察洗熨逾 100 套制服的鄺太，是大興警察行動基地洗衣房的負責人，她從事警署洗衣房工作已經 32 年，日復一日重複忙着相同的工作：「今日洗的防暴制服，明天要送回予警員。」

鄺太在洗熨制服期間經常發現防暴制服上血跡斑斑，還有很多個被鏹水、汽油彈燒穿的破洞，感慨防暴警察每日上

班猶如上戰場一樣，放工就好像「打完仗回來」，感到很心酸，因此，她希望在警察背後略盡綿力以表支持，盼望香港能早日恢復平靜，警察能獲得應有的尊重和威嚴。

為警洗衣三十年如一日

鄺太介紹說，大興警察行動基地的前身是大興警署，她的洗衣房自 1989 年起投入運作，當時洗衣房主要負責清洗屯門巡邏小隊的制服，直至 2000 年，大興警署改為大興警察行動基地，增添了衝鋒隊，因此，洗衣房亦同時為衝鋒隊警員洗制服。

平常的日子，鄺太每天早上 7 時許到達洗衣房，先是到警署每一個樓層收取警員們已穿過的制服，拿回洗衣房。她會先將制服分為上衣和褲子兩大批，再逐一擦洗衫領，然後分批放進洗衣機。鄺太說，「雖然洗衣房只有兩部洗衣機，但是不要小瞧這兩部機器，每一部每次都可以清洗 50 磅衣物」。她說，每天警署共兩個樓層的制服，加起來合共是清洗約 200 磅衣物。

每日上午的工作是收集、洗淨制服，烘乾和熨好上衣，以及晾好褲子，下午的工作便是馬不停蹄地熨好每一條褲子。鄺太一般會在警署飯堂匆忙吃午飯，午飯過後便回洗衣房急急趕工，她說，「經歷幾十年來的訓練和壓力測試，我

鄺太在熨燙衣物

不用兩分鐘便能熨好一件制服上衣，即每天大概花上兩小時
至三小時便能熨好約 100 件上衣」。説時她表現得十分自
豪，亦十分熱愛這份工作。

　　最後，鄺太會將每件制服的上衣和褲子按照編號儘快配
對好，擺放一個特定位置，方便警務人員按時來拿取自己的
一套整潔制服，更換上班。鄺太每天下午約 4 時完成工作，
如此「一腳踢」重複為警員清洗、烘乾和熨平制服的工作，
一做便是幾十年。後來警署增加了衝鋒隊後，她才聘請了一
名員工協助。

濺血的警察制服

濺血制服觸目驚心

　　2019 年 6 月開始，洗衣房的工作量一下子大增接近一倍，加上防暴警員的制服加厚了不少，每日制服洗衣量急增至 350 磅，故需再增聘人手。「反修例示威初期難以預計整個局面，6 月至 7 月期間我與兩名員工勉強應付到工作量，但至 8 月發現完全沒有希望看到終點，便即時再增聘人手，當時營運一度面臨困難；幸好當時有不少有心人捐贈洗衣液及洗衣粉給我們，令用料的成本未至於大幅上升」。

　　鄺太續稱，原本有兩部洗衣機綽綽有餘，但沒想到反修

例示威發生後，制服量一下子增加一倍，從每日洗四機衫增至每日七機衫，每天大概要洗 100 套合共 200 件制服。加上，因應示威持續發生，不少警員均取消休假頻頻上班，出勤次數亦有所增加，惟每名防暴警員的防暴制服數量有限。因此，鄺太的洗衣房亦取消原本的週日假期，改為每日運作，同事則實施輪班制，每日優先洗淨防暴警察的制服，晾乾及熨平，交回前線防暴警察。

鄺太說，讓她覺得最心酸的是，防暴警察的制服上留有的血迹和那些被鏹水、汽油彈等燃燒的破洞，「每次看到這些制服血迹斑斑，都覺得觸目驚心，但很多時候警員自己都沒發現；若我洗衫時發現制服已破，我會提醒他們並建議報銷」。

夏天的時候，防暴警察在攝氏 30 多度的高溫下，在外面一工作便是 13 個小時，制服拿來的時候往往已滲滿汗水，整個更衣室都佈滿濃濃的汗臭味，有時她也會被熏得受不了，「無辦法，每當收集衣服和將衣服放進洗衣機時，惟有閉氣忍耐一會兒」。鄺太表示，每次想到警員們還在外面戰鬥，所以我也不會理會制服上的汗味有多麼難聞，只想儘快將制服洗好，讓他們能及早穿上乾淨制服上班，精神奕奕站在工作的最前線，維持法紀。

鄺太說，有時早上 7 時許到不同樓層收集制服時，會看

到警員們已全副武裝，隨時待命，「但我看得出他們很勞累了，他們每天都要外出工作 13 個小時」。鄺太出入洗衣房有時也會遇見警員，聊天期間得悉他們大多每日放工，脫下制服便是回家睡覺，飲湯，便再上班，有時亦慨歎工作很勞累、很睏。當鄺太看到他們碰巧準備出動時，惟有跟他們說聲「大家加油」，以表達精神上的支持。

另一邊廂，因暴徒經常在下午開始集會堵路，鄺太為了確保員工可在下午前安全回家，她便將所有工作壓縮到下午 1 時前完成，好讓員工提早放工回家。不過暴徒經常堵路，使交通癱瘓，員工上班也受影響，「因為屯門區內的主要交通工具是輕鐵，但暴徒向輕鐵路軌扔擲雜物，導致列車不能正常行駛。有好幾次交通癱瘓，但我的員工還堅持步行數個輕鐵站回洗衣房上班，真的令我覺得很感動」。

「他們對香港沒有歸屬感」

鄺太任職警察的丈夫於 2019 年 8 月退休後，也天天到洗衣房幫忙洗熨制服，還當司機每天接載鄺太上班和下班。鄺太憶述，其丈夫於退休當日即 8 月 5 日，因反修例示威遍地開花，故也沒有外出慶祝，只能在家煮食。她直言，雖然丈夫已退休，但他常說感到十分遺憾，遺憾自己未能走上前，為香港出一分力，與其他警員們一起維護香港治安和保

障市民安全。

自去年 7 月至今年 9 月期間，示威遊行持續不斷，為確保洗衣房能夠及時為警察提供洗乾淨的制服，鄺太犧牲了自己的假期，整整九個月沒有放過一天假，「我丈夫 8 月退休後，示威就沒有停頓過，所以我們也沒有去旅行」，她希望事件可以平息，自己和家人也可以稍微休息一下。

在警署洗衣房服務了 30 多年，鄺太直言見證着警隊各方面的轉變，以前警察是一個讓人敬仰的職業，但現在不但未能得到應有的基本尊重，更經常無緣無故被咀咒和謾罵。鄺太認為，某些人存心利用修例這件事，將整個香港弄得滿城風雨，幕後黑手似是想毀掉香港。她念念不平地說，「這個香港是所有香港人攜手建設的，熬了幾十年，才讓香港富裕起來，但卻被一批未完成學業的學生破壞了……他們對香港沒有歸屬感」。這令她感到無奈和心酸，但她自言憑個人力量，無法扭轉局勢，「自己只能默默地為香港警察多洗衣服，希望能在他們背後付出一分力量，已經很滿足」。

「沉默的大多數」

香港市民

　　過去一年，警察總部大樓的升降機大堂，逐漸出現一些很明顯的轉變。剛開始時，升降機大堂擺放了一些零星的紅色錦旗、十多張感謝咭、支持信件等等。慢慢地，整個電梯大堂已經佈滿了數十面錦旗，數百封信件和感謝咭，警察出入時看在眼裏，暖在心裏。

　　由於曾有市民因公開表達對警察的支持，而招致危險，因此，很多警務人員也明白，不是每位市民都敢於在公開場

合發聲，以表達對警察的支持。而這些小小的心意令備受謠言中傷的警員們確信，原來社會上仍有很多市民和組織的眼睛是雪亮的，明白和理解警員的付出，支持他們的執法。他們所代表的或許就是那「沉默的大多數」。

　　一個認同的眼神，以及一個「like」的手勢，已能給予警察無限動力，繼續去守護每一名市民、守護屬於大家的香港。警員們也真誠相信，「沉默的大多數」一定希望香港可以重回往日的面貌，見到每個人守法互助，和平共處的情景。

　　警方所收到的心意，來自不同年齡段的市民，包括兩、三歲小朋友親手完成的畫作和小手作，以至中小學生、成人、長者以及外籍人士手寫或電郵傳來的信件。「一種窩心的感覺，就是當我們辛勤工作後，能夠聽到對方真心真意地向我們說一句『多謝』。」

以下即為市民寄來支持警察的信件節錄

「無政治立場」，只是心痛

　　本人只是一名普通香港市民，並無政治立場。連日來看到香港專業的警務人員，維護香港法治，保障香港市民的生命財產，縱然在執勤時不斷忍受辱罵，甚至襲擊，仍不忘照顧在場受傷或需要幫助的市民。看見你們的委屈而心痛，也

小朋友為警察摺的星星

因為你們的無私、堅守使命而更敬佩香港警察。希望各位受傷的警員並無大礙。雖然只是一個普通市民的關心和感激之情，希望也能給香港警察一點正能量。萬分感謝你們為香港默默付出。祝福大家安好！

「社會環境的安全不是理所當然」

很感激警方上上下下從（2019 年）6 月至今，每天艱苦地執行職務，不眠不休地維護香港治安。很多市民經歷了過去多個月和數年前「佔中」的日子，更加明白警察在社會中的重要性，沒有警察，整個社會便會陷入不安穩甚至混亂的

狀態。我曾經到過不同國家旅行，感受到社會環境的安全，不是理所當然的事，其中最重要的關鍵是當地執法部門的質素，香港警隊在這方面，在世界上可謂數一數二，十分優秀！感謝警察一直以來，尤其是在這段時間以你們極其專業的態度去執法，維護市民和社會的安全。感恩香港還有你們的守護！希望各位都要好好照顧自己，出入平安！支持警察執法，對你們的努力無限感激！

「忍辱負重到如此程度」

我是一名香港市民，從來沒想過香港會變成今天這個樣子，以及香港警察忍辱負重到如此程度。香港病了，幸好香港警察仍在守護我們。香港警察在我眼中一直表現專業、克制，形象一直是國際聞名，我作為一名普通香港人引以為傲，因為你們代表了香港，而我是香港的一分子。無論在「佔中」期間或現在，我對香港警察的尊重從來沒有改變過。我的 70 歲母親為香港警察在前線面對的謾罵及生命危險感到心痛。我的嫂子性格靦腆，但當她經過警署時，她亦鼓起勇氣上前向你們同事説聲「辛苦了」。你們的付出，普通香港市民都看在眼裏。我們支持香港警察，感謝你們的付出。我們亦敬佩香港警隊在艱難的環境下仍能保持堅定。

市民為執勤的警員撐傘

「最無私、最值得尊敬的人」

　　阿 Sir 和 Madam，我是一名媽媽。感謝你們的付出，有你們的保護，我們才能安心地生活。敬佩你們！和平時期，你們溫暖親切為市民服務；暴亂時刻，你們挺身而出除暴安良。正義或許會遲到，但絕不會缺席。支持你們，我們與暴力行為勢不兩立！我們信任阿 Sir 和 Madam，並會告訴孩子：「香港警隊是全世界最好的警隊！香港阿 Sir 和 Madam 是最勇敢、最無私、最值得尊敬的人！」

「以香港警隊為榮」

我是一名居港澳洲人，香港自（2019 年）6 月開始面臨前所未有的時刻，我和妻子衷心感謝香港警隊致力維護法紀，維持社會正常運作。除了寫信外，我們沒有其他方法表達對你們的謝意。我於 1987 年由澳洲悉尼來到香港，自此以香港為家。在《逃犯條例》引發的紛爭出現前，香港人一直享有高度的個人安全，可惜的是很多人視之為理所當然。他們亦沒有意識到，很多國家的警察在面對暴力行為和肆意破壞時，會採取更強硬的手法處理。面對如此不可接受的情況和挑釁，警隊人員克制和公正地執法，履行職責時展現勇氣、決心，我們對此讚歎不已。我們讚賞警隊即使面對挑釁和巨大壓力仍然保持專業。我們對很多香港人盲目指責警方暴力感到驚訝和遺憾。因為部分示威者作出暴力行為，警方才需要使用武力。這些不公平和毫無根據的指責令警方的工作變得更困難。你們身處險境，身心承受巨大壓力，請緊記有很多理性的市民支持警隊，欣賞你們為香港所做的一切，我們以香港警隊為榮。

（編按：此感謝信是英文來信的中文譯本）

「照亮着這座城市」

　　首先，我希望向全體香港警察致以感謝和敬意。感謝你們忍辱負重，守護香港，你們辛苦了！在暴亂最嚴重的那段時間，前線警察常常需要連續執勤二、三十個小時以上，除了身體上的負荷，精神上承受的壓力也是常人難以想像之重。每天直接面對暴徒的暴力行徑，被抹黑、侮辱和謾罵，同時還要擔心家人的人身安全，你們所遭受的不公平對待，你們受的傷，流的血，無刻不在牽動着我們的心。當新聞畫面都是火光與廢墟，暴力與血腥時，我想如果沒有香港警察及部分正義市民的努力，整座城市都將陷入蠻荒與黑暗，是你們用強大的使命感與責任感照亮着這座城市。最難能可貴的是，你們英勇無畏的同時不失理性，由始至終展現着香港警察的專業操守。縱使如今香港滿目瘡痍，你們無畏艱辛，不忘初心地堅守崗位，這是我們希望與信心的來源。願香港早日恢復和平、繁榮與美麗，而待那一天到來時，我們相信罪惡與暴行都將被嚴懲，你們的付出終不會白費。最後，願每一位受傷警察早日康復，希望你們保護好自身安全，確保自己的身心健康。無論如何，請不要灰心氣餒，請記得你們背後有我們做堅強後盾。我們對你們的關心，支持與尊敬永不改變。香港警察加油！

出版後記

　　本書作者訪問了十六位警員、四位市民，記錄下他們在修例風波之中的親身經歷和感想，以及一名法律專家對所謂的「違法達義」的看法，集結成這一本《憑信念——香港警察故事 2019》。

　　受訪者服務於不同的崗位：有在第一線處理示威現場的防暴警察，有負責調查取證的偵緝警長，也有在背後支援警員的心理專家、派飯志願者，等等。

　　故事裏有危險和傷心：被襲擊受重傷、被摯友絕交、被無故起底；也有惋惜和困惑：為何青年人被煽動至此地步、為何法治遭到如此漠視；還有對香港回歸正軌的寄望。前前後後、裏裏外外，全面展現修例風波期間警員們真實的工作以及內心狀態。

　　透過這些真實的故事，本書嘗試給予讀者一個觀察角度，更加冷靜客觀地看待修例風波和警察的執法工作，理解警察執法是法治職責，警察作為一個普通人，值得被尊重和善待。書中還提供了一些警察工作程序的細節描寫，希望可以幫助讀者增加對執法的了解，作出理性的判斷。

商務印書館編輯出版部